El libro
COMPLETO
de experimentos
CIENTÍFICOS
para NIÑOS

¡Hierve el hielo, haz flotar el agua, mide la gravedad
y pon a prueba el mundo que te rodea!

Tom Robinson
Traducido por Eida de la Vega

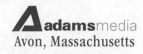

Aadamsmedia
Avon, Massachusetts

Un libro de la serie Everything®.
Everything® y everything.com® son marcas registradas de F+W Media, Inc.

Publicado por
Adams Media, una división de F+W Media, Inc.
57 Littlefield Street, Avon, MA 02322. U.S.A.
www.adamsmedia.com

ISBN 10: 1-4405-9542-9
ISBN 13: 978-1-4405-9542-4
eISBN 10: 1-4405-9543-7
eISBN 13: 978-1-4405-9543-1

Impreso por RR Donnelley, Harrisonburg, VA, U.S.A.

10 9 8 7 6 5 4 3 2 1

Junio 2016

Ilustraciones de la cubierta por Dana Regan.
Ilustraciones del interior por Kurt Dolber.
Contribuciones adicionales por Kathie Kelleher.
Acertijos por Beth L. Blair.
Editora de la serie: Lisa Laing.

Puzzle Power Software de Centron Software Technologies, Inc. se usó para crear los cuadros para los acertijos.

Este libro está disponible con descuento para compras en cantidades grandes.
Para obtener información, llame al 1-800-289-0963.

Vea toda la serie Everything® en *everything.com*.

DEDICATORIA

Para Matt y Megan

CONTENIDO

AGRADECIMIENTOS

Quiero expresar mi profunda gratitud a Amy Biddle y sus estudiantes de química en Pinkerton Academy en Derry, New Hampshire, por revisar mi manuscrito y mis experimentos. También estoy agradecido a Vince Howard y al departamento de ciencias de Kentridge High School, a Angie Lavine, Sara Dacus y Jeff Renner de KING-TV por sugerir experimentos, verificar la precisión de los conceptos de ciencia del libro y revisar el manuscrito. Finalmente, tengo una deuda de gratitud con mi esposa, Lisa, quien me permitió convertir su cocina en un laboratorio para que mis dos jóvenes científicos y yo pudiéramos jugar y descubrir la alegría de hacer experimentos como una familia.

INTRODUCCIÓN

¿Qué se necesita para ser un gran científico? Piensa en los científicos más famosos que conoces: Isaac Newton, Louis Pasteur, Albert Einstein, Thomas Edison, Pierre y Marie Curie, Stephen Hawking, etc. ¿Qué tienen en común todas estas personas? Bueno, en primer lugar, todas son muy inteligentes. En algunos casos, aprendieron solas casi todo lo que sabían sobre el tema al que se dedicaron. De hecho, sir Isaac Newton tuvo que inventar una rama nueva de las matemáticas (cálculo) solo para resolver los problemas de física en los que estaba trabajando. Hay algo más que tienen en común y que los distingue de las demás personas inteligentes de su época: su habilidad para hacerse preguntas.

Tener un buen cerebro no siempre es suficiente. Para ser un gran científico, tienes que ser capaz de mirar a un problema que cientos, y tal vez miles, de personas ya han considerado y no han podido resolver, y enfocar la pregunta de otra manera para llegar a una nueva manera de responderla. Eso es lo que hizo famosos a Newton y a los demás. A su inteligencia, ellos añadieron una curiosidad que decía: "Quiero saber la respuesta a esto". Después de plantearse las preguntas adecuadas, descubrieron la manera de responder a esas preguntas y se hicieron famosos por sus descubrimientos.

¿Podrías ser el próximo Thomas Edison e inventar algo por lo que el mundo ha aguardado mucho tiempo, o ser el próximo Isaac Newton y responder a una pregunta que nadie ha sido capaz de responder? ¡Claro que sí! Para lograrlo se requiere algo que todos los niños tienen naturalmente y que muchos adultos desearían tener todavía: curiosidad.

Cita genial

Lo importante es no dejar de hacerse preguntas.

—ALBERT EINSTEIN

Este libro te ayudará a sacar provecho de esa curiosidad, mostrándote las cinco grandes áreas de la ciencia: la biología, la química, la física, la Tierra y el cielo y el cuerpo humano. Te presentaremos varias preguntas que te ayudarán a empezar a pensar como un científico. Tal vez te has hecho antes estas preguntas; por ejemplo, ¿por qué el cielo es azul? Pero es muy probable que algunas de ellas sean nuevas para ti.

Ya que hacerse la pregunta adecuada es el primer paso para ser un gran científico, este libro también te guiará en completar el segundo paso: el experimento. Después de cada pregunta, encontrarás un experimento que te ayudará a descubrir algo del misterio y la magia de la ciencia. En este libro se ofrecen tres tipos diferentes de experimentos: actividades sencillas que puedes hacer rápidamente, experimentos más grandes y complejos y proyectos para la feria de ciencia.

EL MÉTODO CIENTÍFICO

Primero, hablemos sobre el punto de partida de todo experimento científico: el método científico. Lo hizo famoso un italiano llamado Galileo en el siglo XVI. Es sencillo y te ayudará a preguntarte y responderte muchas de las preguntas que tienes sobre la ciencia. El método científico tiene cinco partes:

1. Observa una actividad en el mundo que te rodea.

2. Inventa una posible explicación (llamada hipótesis) para esa actividad.

3. Usa tu hipótesis para hacer predicciones acerca de la actividad.

4. Pon a prueba esas predicciones.

5. Llega a una conclusión acerca de tu hipótesis y de su capacidad para predecir la actividad.

Los científicos han usado este método durante cientos de años para comprender el mundo. ¡Ahora es tu turno!

Lo divertido de este libro radica en el hecho de que puedes empezar leyéndolo por donde quieras y seguir la idea tan lejos como quieras.

Y si este libro no lleva la idea tan lejos como tú quieres, usa tu imaginación y sigue explorando la idea. Estás invitado a venir a este emocionante viaje al mundo de la ciencia experimental. ¡Bienvenido y a empezar el viaje!

CITA QUE CAE

¿Puedes descubrir dónde poner cada una de las letras revueltas? Todas caben en los espacios debajo de sus columnas. Cuando llenes los cuadritos correctamente, encontrarás una cita del brillante científico Albert Einstein. Sus teorías y experimentos resultaron en una nueva manera de pensar acerca del tiempo, el espacio, la materia, la energía ¡y la gravedad!

(Las respuestas a todos los acertijos están al final del libro.)

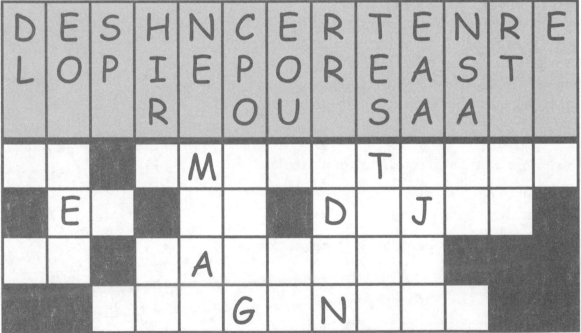

Vida. Todos la tenemos. El mundo que nos rodea está repleto de vida, desde los pájaros del aire hasta los peces del mar, pasando por los animales terrestres. Pero, ¿cómo es que funciona la vida? Si puedes responder esa pregunta, comprenderás uno de los temas más estudiados del mundo natural.

HAZLO:
AGUA DE COLORES

Los humanos y otros animales son criaturas muy complejas. Así que vamos a considerar primero las plantas. Las plantas parecen ser ejemplos sencillos de cómo funciona la vida. Las plantas en el suelo, las riegas y dejas que el sol las ilumine. Muy pronto, crecen, florecen y luego, mueren. Pero dentro de la planta están ocurriendo procesos que no vemos, que no se parecen a ninguna otra cosa. Vamos a empezar por comprender estos procesos con lo que todos saben que es el recurso más importante para una planta: el agua.

PREGUNTA

¿Cómo llega el agua del suelo hasta las hojas de la planta?

MATERIALES

- Colorante de alimentos rojo, azul, verde y amarillo
- 4 vasos de agua a temperatura ambiente llenos
- 3 claveles blancos de una florería
- Un cuchillo afilado

PROCEDIMIENTO

1. Pon un color en cada uno de los cuatro vasos. Mientras más intenso el color del agua, más efectivo será el experimento.

2. Pon el primer clavel en el vaso que quieras. Es posible que tengas que cortarle el tallo si es demasiado largo.

3. Pon el segundo clavel en otro vaso.

4. Toma el último clavel y, con la ayuda de un adulto, corta el tallo a lo largo, de modo que resulte en dos tallos más finos, ambos unidos a la flor.

5. Pon la mitad del tallo en un tercer vaso de agua coloreada y la otra mitad en el cuarto y último vaso.

6. Pon las flores protegidas de la luz del sol y espera un día o día y medio. Mira las flores.

QUÉ SUCEDE

A través de un proceso llamado **acción capilar**, el agua viaja por los tallos de las plantas hasta que alcanza las partes más externas de las flores. Lo ves cuando las flores de cada clavel se ponen del color del agua en que están. Incluso más interesante es que el tallo dividido produce una flor de *ambos* colores. Puedes repetir fácilmente este experimento con otras flores y otros colores para ver si se comportan de la misma manera. Los tallos de apio con hojas también sirven para hacer este experimento.

SEGUIMIENTO

Cuando riegas las plantas del jardín, ¿debes regar las hojas o la tierra alrededor de la planta?[1]

Las respuestas a todas las preguntas de seguimiento están al final del libro. El número marca la respuesta que aparece detrás.

PALABRAS ÚTILES

ACCIÓN CAPILAR: el proceso que permite que el agua y otros nutrientes se muevan del suelo a todas las partes de la planta.

HAZLO: HOJAS QUE CAEN

Algunos árboles permanecen verdes todo el año, mientras que otros pierden las hojas en el otoño y el invierno, y les crecen hojas nuevas en primavera. Si has visto árboles que pierden las hojas en el otoño, te habrás fijado que las hojas pasan de verdes a amarillas, rojas o anaranjadas antes de caerse al suelo.

PREGUNTA

¿De dónde obtienen las hojas los colores?

MATERIALES

- 4–5 hojas de espinaca
- 1 vaso
- Una cuchara
- Quitaesmalte de uñas (Pídeselo a tus padres.)
- Filtro de café
- Tijeras
- Lápiz
- Cinta adhesiva

PROCEDIMIENTO

1. Rompe las hojas en pedacitos.

2. Pon los pedacitos en el fondo del vaso y aplástalos con la cuchara.

3. Añade varias cucharaditas de quitaesmalte al puré de hojas. Espera hasta que las hojas se asienten en el fondo del quitaesmalte. Si el quitaesmalte no cubre todas las hojas, añade suficiente para cubrirlas totalmente.

4. Corta un rectángulo del filtro de café. Debe ser un poco más estrecho que el vaso.

5. Pega el rectángulo al lápiz con cinta adhesiva y, cuando las hojas se asienten, pon el lápiz atravesado encima del vaso de modo que el filtro de café toque el quitaesmalte sin tocar las hojas.

6. Deja el vaso así por varias horas.

Cita genial

El otoño es una segunda primavera en la que cada hoja es una flor.

—ALBERT CAMUS, NOVELISTA FRANCÉS

QUÉ SUCEDE

Debes ver muchos colores subiendo por el filtro. El verde viene de una sustancia que hace que las hojas sean verdes: **la clorofila**. Pero también debes ver otros colores, como rojo, amarillo y anaranjado. Vienen de diferentes sustancias químicas que también se encuentran en las hojas verdes.

Durante la primavera y el verano, **la fotosíntesis** produce tanta clorofila que solo puedes ver el color verde de las hojas. Pero a medida que los días se acortan, se produce menos clorofila, el color verde se atenúa y puedes ver los otros colores. Cuando el verde desaparece por completo, la hoja está a punto de caer al suelo.

SEGUIMIENTO

Cuando llegue el otoño, mira las hojas cambiar de color. ¿Puedes decir por qué ocurre esto?[2]

PALABRAS ÚTILES

CLOROFILA: la sustancia química de las plantas que hace que las hojas sean verdes.

FOTOSÍNTESIS: el proceso por medio del cual las plantas convierten el agua y la luz del sol en clorofila.

CURIOSIDADES

La clorofila absorbe la luz roja y la azul y refleja a nuestros ojos luz verde.

PREGUNTAS

¿Necesitan las semillas luz para crecer?

¿Necesitan las plantas luz para crecer?

RESUMEN DEL EXPERIMENTO

Ya has visto lo que les sucede a algunos árboles cuando no reciben suficiente luz: pierden las hojas. Pero las plantas y los árboles son diferentes. En este experimento, explorarás si las semillas y las plantas necesitan o no luz para crecer, poniendo algunas en la oscuridad y dejando otras a la luz. Decidirás si la luz influye en su patrón de crecimiento. Este experimento tomará varios días, ya que la mayoría de los procesos en las plantas ocurren muy lentamente, pero los resultados deben ser obvios y un poco sorprendentes.

CONCEPTO CIENTÍFICO

La mayoría de los jardineros cree que la luz y el agua son necesidades básicas de cualquier planta. Vas a comprobar esa teoría dejando algunas semillas crecer en la oscuridad mientras otras crecen a la luz. Después vas a tomar dos plantas saludables y vas a poner una en un clóset oscuro por unos días, mientras que la otra se queda al sol. Al hacer esto, estarás usando uno de los aspectos más importantes del método científico: poner a prueba un cambio a la vez. Es importante que trates las semillas y las plantas exactamente igual, excepto por el lugar donde las colocas. Así sabrás si la luz influye en su crecimiento.

MATERIALES

- 2 toallas de papel
- 2 platos pequeños
- Frijoles pintos (del supermercado)
- Agua
- 2 plantas saludables e idénticas, sembradas en macetas

PROCEDIMIENTO

1. Dobla las toallas de papel de modo que cada una quepa en un plato.

2. Pon cada toalla de papel en un plato y coloca varios frijoles en cada toalla.

3. Vierte suficiente agua en la toalla para que se humedezca. Elimina el exceso de agua del plato.

4. Pon un plato con los frijoles en un clóset oscuro.

5. Riega las plantas de modo que la tierra se humedezca y pon una de las plantas junto a los frijoles en el mismo lugar oscuro.

6. Pon el segundo plato de frijoles en un lugar bien iluminado junto a la segunda planta.

7. Después de 2 días, humedece ligeramente los dos platos que contienen los frijoles y riega las plantas. Asegúrate de ponerles la misma cantidad de agua para que el experimento sea imparcial.

8. Cuando hayan pasado 4 días, saca los frijoles y la planta del clóset y colócalos junto a los que recibieron sol.

PREGUNTAS PARA EL CIENTÍFICO

¿Qué muestra de frijoles creció mejor: la que estaba en la oscuridad o la que estaba a la luz?

¿Qué muestra de las plantas creció mejor: la que estaba en la oscuridad o la que estaba a la luz?

Si fueras a plantar semillas, ¿dónde las colocarías: en la oscuridad o en la luz?

Piensa en la cantidad de luz que hay donde las semillas y las plantas crecen habitualmente. ¿Confirma este experimento que estos lugares son los mejores para crecer?

¿Necesitan algunas semillas cantidades de luz diferente? Experimenta con diferentes tipos de semillas y cantidades de luz para ver qué factores afectan más la germinación y el crecimiento.

TOTALMENTE TUBULAR

¿Puedes encontrar el camino de PRINCIPIO a FIN a través de los tubitos de esta hoja?

FIN

PRINCIPIO

PAREDES POROSAS

Otro talento asombroso que tienen las plantas es su habilidad de absorber agua a través de la piel. Este proceso se llama ósmosis, y puedes hacer un experimento que muestra cómo funciona.

PREGUNTA

¿Puede el líquido pasar a través de las paredes?

MATERIALES

- 2 vasos anchos o tazas de medida
- Agua
- Tintura de iodo (de la farmacia)
- Maicena
- Una bolsita plástica que se pueda sellar

PROCEDIMIENTO

1. Llena los dos vasos hasta aproximadamente tres cuartas partes de agua.

2. En un vaso, mezcla dos cucharaditas de iodo con el agua.

3. En el otro vaso, mezcla una cucharadita de maicena con el agua, y vierte la mitad en la bolsita plástica.

4. Sella la bolsita plástica y ponla dentro de la mezcla de iodo. Debes lavar antes la bolsita para asegurarte de que no hay maicena por fuera cuando la pongas en el iodo.

5. Deja la bolsita en el iodo por 1 hora y observa los cambios que ocurren durante ese tiempo. Mientras, deja caer unas gotitas de iodo dentro del vaso con maicena y observa qué sucede.

QUÉ SUCEDE

La mezcla de maicena se vuelve de color oscuro cuando está presente el iodo. Esto se comprueba cuando dejas caer el iodo en el segundo vaso. El iodo también cambia de color en presencia de un almidón. Sin embargo, no viste que la mezcla de iodo del primer vaso cambiara de color. De alguna manera, el iodo ha traspasado la pared de la bolsita plástica y ha entrado en ella, pero la maicena no fue capaz de pasar a donde estaba el iodo. Las moléculas de maicena son grandes, comparadas con las de iodo. Y aún más, las moléculas de iodo son más pequeñas que los huecos en la bolsita plástica (¡sí, *hay* huecos en esas bolsitas!), así que pueden pasar por los huecos. Sin embargo, los huecos son demasiado pequeños para que las moléculas de maicena puedan pasar, y la maicena se queda dentro de la bolsita. Por eso, la mezcla de iodo mantiene su color original.

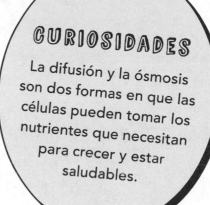

CURIOSIDADES

La difusión y la ósmosis son dos formas en que las células pueden tomar los nutrientes que necesitan para crecer y estar saludables.

PALABRAS ÚTILES

ÓSMOSIS: un proceso en el cual los líquidos pasan a través de las paredes de las células.

PREGUNTA

¿Puedes inflar un globo con una banana?

RESUMEN DEL EXPERIMENTO

En este experimento, verás una banana descomponerse en el tiempo e inflar un globo. Este proceso no es algo que puedas ver, pero los efectos son inconfundibles. Como actividad de seguimiento, puedes probar si otras frutas producen los mismos resultados mientras se descomponen.

CONCEPTO CIENTÍFICO

Con el tiempo, las plantas mueren. Una banana es la fruta que produce el banano, y cualquier persona que haya visto una banana madurarse y ponerse oscura sabrá que, a medida que madura y muere, sufre cambios dramáticos. Cuando una banana se descompone, **las bacterias** la invaden. Las bacterias son tan pequeñas que no las puedes ver. Pero no solo están allí, sino que se multiplican y se multiplican comiéndose lo que queda de la banana. Esta manera de procesar la comida emite gas. No mucho, pero si hay suficientes bacterias, el gas inflará el globo. Tu reto, una vez hayas terminado el experimento, es repetirlo con otras frutas para ver si produce los mismos resultados.

MATERIALES

- Una banana muy madura
- Un bol
- Una cuchara o un cuchillo plástico
- Una botella plástica o de vidrio con la boca estrecha
- Un globo

PROCEDIMIENTO

1. Pela la banana (asegúrate de que esté bien madura) y aplástala en el bol hasta que desaparezcan los grumos.

2. Con una cuchara, pon el puré de banana en la botella. Esto puede ser un poco difícil (¡y sucio!), pero con paciencia, puede hacerse. (Puedes usar un cuchillo plástico para poner el puré de banana en la botella. Es posible que resulte más fácil.)

3. Pon el globo en la boca de la botella.

4. Pon la botella en un sitio cálido y soleado, y mira la botella por varios días.

5. Mide la distancia alrededor del globo todos los días para registrar el progreso de la descomposición de la banana.

PALABRAS ÚTILES

BACTERIAS: organismos diminutos que viven en todas las cosas. Algunas pueden enfermarte, pero muchas te ayudan a mantenerte saludable.

PREGUNTAS PARA EL CIENTÍFICO

¿Qué provoca que el globo se infle?

¿Qué le sucede a la banana?

¿Cuánto tiempo pasa antes de que el globo empiece a inflarse?

SEGUIMIENTO

Ahora que conoces el procedimiento, prueba a aplastar otras frutas maduras (manzanas, naranjas, uvas, melones) y repetir el experimento. Comparando la tasa de crecimiento del globo con cada fruta, serás capaz de determinar qué fruta se descompone más rápidamente.

LIMPIEZA

No olvides limpiar después del experimento y hazlo cerca de un fregadero o en el patio. El olor va a ser fuerte y desagradable. Desecha con cuidado todos los materiales antes de empezar otra vez.

CURIOSIDADES

Los globos de látex vienen del gomero, que produce suficiente savia para hacer tres globos de 10 pulgadas cada día.

TRANSFORMACIÓN CIENTÍFICA

¿Puedes convertir una banana en un nubarrón en cinco pasos? Empieza con la palabra BANANA en la línea uno. En cada uno de los pasos siguientes puedes mover una letra, intercambiar una letra por otra (o dos letras iguales por otras dos letras iguales) o añadir una letra. Registra los cambios en las líneas vacías.

1. B A N A N A
2. _____
3. _____
4. _____
5. _____
6. _____

CURIOSIDADES

El gusano más grande que se ha encontrado tenía 22 pies de largo.

ANIMALES

El reino animal incluye a más de mil millones de animales de diferentes tamaños, formas y especies. Algunas personas se pasan toda la vida estudiando a los animales y apenas rasguñan la superficie de todo lo que hay que aprender. Sin embargo, cuando eres niño, unos grupos muy interesantes de criaturas se encuentran en el patio de tu casa: los rastreros, los trepadores y los zumbadores.

HAZLO: MIEDO A LA LUZ

Si has estado en el patio después de una lluvia fuerte, o has sacado una piedra grande del jardín, es muy probable que hayas visto un gusano. Además de servir como carnada para peces, muchos de nosotros no sabemos mucho de los gusanos. Puede que luzcan raros y que no sirvan para nada, pero los gusanos son muy importantes para la tierra. Hacen que el suelo sea mejor para cultivar.

PREGUNTA

¿Los gusanos prefieren la luz o la oscuridad?

MATERIALES

- Caja de zapatos
- Tijeras
- Toallas de papel
- Gusanos de tierra (de tu patio o de una tienda de carnadas)
- Lámpara de escritorio

PROCEDIMIENTO

1. Corta un tercio de la tapa de la caja de zapatos.

2. Moja bien varios pedazos de toallas de papel y ponlos en el fondo de la caja.

3. Pon los gusanos sobre las toallas de papel hacia un extremo de la caja. Trata de que haya espacio entre ellos para que no interfieran uno con el otro.

4. Pon la tapa en la caja de modo que la abertura esté en el mismo lado que los gusanos.

5. Pon la lámpara sobre la caja a 1 o 2 pies por encima de la tapa de la caja.

6. Deja la caja ahí de 15 a 30 minutos.

7. Cuando regreses, quita la tapa y mira dónde están los gusanos.

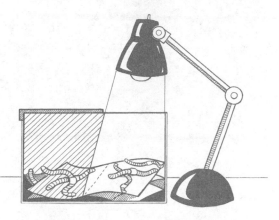

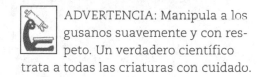 ADVERTENCIA: Manipula a los gusanos suavemente y con respeto. Un verdadero científico trata a todas las criaturas con cuidado.

QUÉ SUCEDE

Los gusanos tienden a evitar la luz. Por eso les gusta tanto la tierra. Cuando iluminas la caja, la mayoría se mueve lo más lejos posible de la luz. En algunos casos, los gusanos se meterán debajo de la toalla de papel para evitar la luz. Los gusanos no pueden ver como nosotros, pero sí sienten la luz. Cuando su **sistema nervioso** siente la luz, empiezan a alejarse de ella.

SEGUIMIENTO

Con una lupa, mira el sistema circulatorio del gusano. Después del experimento, devuelve los gusanos al jardín donde ayudarán a tus plantas a crecer.

PALABRAS ÚTILES

SISTEMA NERVIOSO: el sistema que usa el cuerpo para decirnos cómo se sienten las cosas.

Si alguna vez has dejado fruta en la mesa de la cocina demasiado tiempo, habrás notado unas moscas que se sienten atraídas por la fruta. Aquí hay un experimento interesante para estudiar las moscas de la fruta.

PREGUNTA

¿Qué les gusta comer a las moscas?

RESUMEN DEL EXPERIMENTO

Vas a tomar una banana pasada y la vas a dejar en un frasco abierto para que se pudra. Junto al frasco con la banana pondrás otro vacío. Llegará el momento en que las moscas de la fruta acudirán a la banana y ayudarán en el proceso de descomposición. Entonces, aparentemente de la nada, pequeñas criaturas llamadas **larvas** aparecerán también. Mientras, el frasco vacío quedará intacto. Una vez que hayas visto estos resultados, estarás listo para extender el experimento y probar otras posibilidades.

CONCEPTO CIENTÍFICO

Por muchos años, los científicos creyeron que la fruta que se pudría, como tu banana, causaba generación espontánea. Esto significa que la vida podía brotar de la nada. Ahora sabemos que las moscas de la fruta se comen la fruta podrida y usan la energía de la fruta para poner huevos. Y de ahí vienen las larvas. Las moscas de la fruta tienen un papel importante. En un compostador, se almacena la comida sobrante para que, a medida que se descomponga, pueda convertirse en un suelo rico en nutrientes. Las moscas de la fruta ayudan a acelerar el mismo proceso en tu banana.

MATERIALES

- 1 banana madura
- 2 frascos de vidrio en los que quepa una banana

CURIOSIDADES

La mosca de la fruta vive cerca de 2 semanas.

PROCEDIMIENTO

1. Pela la banana y ponla en uno de los frascos. Deja vacío el otro frasco.

2. Pon los frascos en un lugar donde nadie los mueva por 2 semanas, preferiblemente en el exterior cuando hace calor.

3. Dos veces al día, observa la banana y anota lo que ves. Incluye descripciones de color, consistencia, olor y la presencia de moscas u otras criaturas.

4. Compara el contenido del frasco vacío con el del frasco con la banana.

5. Después de 2 semanas, mira tus notas para darte cuenta de los cambios que ocurrieron durante ese tiempo.

PALABRAS ÚTILES

LARVAS: criaturas diminutas parecidas a los gusanos que se convierten en moscas de las frutas.

PREGUNTAS PARA EL CIENTÍFICO

¿Cuándo aparecieron las moscas?

¿Cuánto tiempo pasó para que la banana pareciera incomible?

¿De dónde salieron las larvas?

¿Puedes pensar en otras criaturas que ayudan en la descomposición de los restos de comida?

SEGUIMIENTO

Aquí hay algunas variaciones del experimento que puedes ensayar:

- Prueba a ponerle una tapa o una rejilla al frasco y ver si obtienes el mismo resultado.
- Prueba a hacerlo con otra fruta como la manzana, la naranja o el melocotón.
- Prueba a poner los frascos en lugares diferentes (luz, oscuridad, cálido, frío, etc.).

HAZLO:

CAMUFLAJE ANIMAL

Si conoces a alguien que se haya entrenado en el ejército, es posible que lo hayas visto en uniformes llamados **de camuflaje**. Se llaman así porque dificultan que otras personas vean al que los usa cuando está escondido. Pero algunos animales, como el camaleón, hacen esto naturalmente y sirven de modelo de cómo hacerlo bien.

PREGUNTA

¿Cómo se confunden los animales con sus alrededores?

MATERIALES

- 6 hojas grandes de papel de construcción de tres colores diferentes
- Tijeras
- Un compañero

PROCEDIMIENTO

1. Corta una de las hojas de cada color en cuadrados de 2 × 2 pulgadas.

2. Pon todos los cuadrados de color sobre una de las hojas grandes mientras tu compañero cierra los ojos.

3. Cuando tu compañero abra los ojos, dale 5 segundos para que agarre tantos cuadrados de colores como pueda.

QUÉ SUCEDE

Nuestros ojos detectan con rapidez los contrastes de color. Tu compañero agarrará los cuadrados que no sean del mismo color de la hoja sobre la que están. Cuando los animales (y los humanos) usan camuflaje, están aprovechando que cuando sus colores son iguales a los que los rodean (las ranas verdes en la hierba, los lagartos marrones en la rama de un árbol), los predadores no ven ningún contraste, y los animales están bien escondidos. Si pones en la hierba una rana marrón o un lagarto verde en una rama, ese animal se va a destacar y no estará protegido.

SEGUIMIENTO

Si conoces a alguien que tenga unas gafas llamadas BluBlockers (bloqueadores de azul), pídeles que te las deje probar. Cuando te las pones, ¿qué colores ves con más nitidez? ¿Sabes por qué pasa esto?[3]

PALABRAS ÚTILES

CAMUFLAJE: la forma en que los animales se disfrazan para confundirse con su entorno.

VEO, VEO

¿Puedes encontrar las 10 criaturas que se esconden en este dibujo?

PREGUNTA

¿Por qué los huevos tienen la forma que tienen?

RESUMEN DEL EXPERIMENTO

Explorarás la forma de los huevos y la increíble fuerza que poseen a pesar de su frágil estructura. Vas a preparar los huevos con cuidado para colocar varios libros encima de cuatro mitades sin romper los cascarones. Como seguimiento, podrás considerar otras versiones de esta prueba.

CONCEPTO DE CIENCIA

Los huevos tienen la forma que tienen por muchas razones. Una sencilla es que con esa forma los huevos no ruedan bien. Así, si una madre se sienta sobre los huevos y se le escapa uno, no va a rodar muy lejos antes de pararse. Esto le permite a la madre recuperarlo enseguida. Antes de llevar a cabo el experimento, trata de hacer rodar un huevo sobre una mesa. Fíjate en cómo su forma evita que rueden tan lejos como lo haría una pelota.

Otra razón para la forma de los huevos es que la forma de cúpula le confiere más resistencia que casi cualquier otra forma. Algunas personas pueden colocar un huevo en la palma de la mano y apretarlo tan duro como puedan y no romperlo. La fuerza de la mano se distribuye sobre toda la superficie del huevo y en ningún sitio es lo suficientemente fuerte como para romperlo. Si quieres probarlo, debes hacerlo en el patio o sobre un fregadero, porque si no sostienes bien el huevo, ¡te explotará encima!

MATERIALES

- Al menos 4 huevos crudos
- Cinta de enmascarar
- Tijeras pequeñas
- Varios libros del mismo tamaño aproximadamente

PROCEDIMIENTO

1. Casca los huevos con cuidado y rompe los cascarones lo más cerca posible de la mitad (horizontalmente). Si no te sale bien, utiliza otro huevo.

2. Pon los huevos crudos en un bol y haz huevos fritos para tu familia.

3. Enjuaga y seca las mitades de los cascarones.

4. Pon una tira de cinta de enmascarar alrededor del extremo abierto del cascarón, dejando expuesto el borde roto.

5. Usa las tijeras para recortar el borde irregular, con cuidado de no romper el resto del cascarón.

6. Ahora debes tener cuatro fondos redondos y cuatro puntas de huevos.

7. Coloca en rectángulo los fondos redondos sobre una mesa, aproximadamente donde irán las esquinas de tus libros.

8. Predice cuántos libros serán capaces de sostener los huevos.

9. Añade libros con cuidado hasta que aparezcan las primeras grietas. Este es el punto en que es importante que los cascarones sean de, más o menos, el mismo tamaño. Anota cuántos libros causan las primeras grietas.

10. Continúa añadiendo libros hasta que los huevos se derrumben.

PREGUNTAS PARA EL CIENTÍFICO

¿Sostuvieron los huevos más o menos libros de los que predijiste?

¿Por qué crees que los huevos pueden aguantar tanto peso y, al mismo tiempo, romperse con tanta facilidad en el borde de un bol?

¿Qué cambios puedes hacerle a este experimento para que, aún usando cascarones, estos soporten más libros?

SEGUIMIENTO

Trata de usar las puntas de los huevos y repetir el experimento. ¿Qué extremo del huevo soporta más peso?

Piensa en los magos que se acuestan en camas de clavos. ¿Cómo explica el truco este experimento? Piensa en las raquetas de nieve que se usan en lugares donde cae mucha nieve. ¿Crees que su funcionamiento tiene que ver con el experimento con huevos?[4]

BIOLOGÍA

GRAVEDAD

Probablemente no hayas visto una planta creciendo hacia abajo con las hojas apuntando a la tierra y las raíces hacia el sol. ¿Por qué no? Las plantas parecen saber cuál es el camino hacia arriba, y crecen de manera que sus raíces se entierren en el suelo, mientras que las hojas y las flores crecen hacia el sol. Como científico, tu próximo paso debe ser preguntarte cómo las plantas saben hacia dónde crecer. ¡Es la razón perfecta para diseñar un experimento!

PREGUNTA

¿Cómo las plantas saben que deben crecer hacia arriba?

RESUMEN DEL EXPERIMENTO

En este experimento, empezarás por probar la reacción de una planta en una maceta al ser inclinada hacia un lado. Una vez que compruebes cómo se comporta una planta madura, cultivarás frijoles y comprobarás si saben dónde está la parte de arriba.

CONCEPTO DE CIENCIA

Busca una colina con árboles, mientras más empinada, mejor. Fíjate en la dirección en que crecen los troncos y verás que crecen rectos a pesar de la inclinación de las laderas. Las plantas perciben la gravedad y hacen que sus raíces crezcan hacia abajo mientras que el tallo y las hojas crecen verticalmente hacia arriba. Esto se debe a una sustancia química llamada auxina. La auxina hace que las plantas se alarguen y, cuando la gravedad actúa, la auxina tiende a caer en el lado más bajo de una planta y de sus hojas. Esto provoca que los lados más bajos del tallo y las hojas crezcan un poco más, lo cual hace que la planta crezca hacia arriba. Las raíces actúan de manera diferente, porque son una parte diferente de la planta. En la raíz, la auxina causa un crecimiento más lento. De modo que, cuando la auxina se acumula en la parte baja de la raíz, la parte superior se alarga y la raíz se dirige hacia abajo. Vas a observar ambos casos en este experimento.

MATERIALES

- 3 plantas pequeñas y maduras, en macetas
- Un lugar soleado
- Agua
- Varios frijoles pintos
- Un vaso
- Una toalla de papel
- Papel de aluminio
- Una cámara

PROCEDIMIENTO

PLANTAS MADURAS

1. Coloca las tres plantas en un sitio soleado, pero acuesta una maceta hacia el sol, otra, en dirección opuesta al sol y deja la tercera de pie recto.

2. Riega las plantas como lo haces normalmente (puedes ponerlas derechas para regarlas) y registrar su crecimiento. Esta parte del experimento puede tomar más tiempo con algunas plantas, así que sé paciente. Sin embargo, no debe tomar mucho tiempo para que las plantas inclinadas empiecen a enderezarse.

SEMILLAS

1. Antes de empezar, pon los frijoles en remojo toda la noche en el vaso de agua.

2. Vacía el agua y pon los frijoles en un lado de una toalla de papel doblada a la mitad.

3. Con cuidado, haz rodar los frijoles en la toalla de papel y mójala de forma que esté húmeda, pero no empapada.

4. Dobla un pedazo de papel de aluminio alrededor de la toalla de papel, de manera que toda la toalla esté cubierta y sellada.

5. Coloca el papel de aluminio con los frijoles dentro del vaso verticalmente y deja reposar los frijoles por 1 semana.

6. Después de la semana ha pasado, abre el aluminio y desenrolla la toalla de papel. No toques los frijoles porque los utilizarás otra vez. También reutilizarás la toalla de papel y el papel de aluminio, así que cuida de no romperlos.

7. Registra la dirección de crecimiento de los tallos y las raíces. Deben de haber empezado a crecer y deben mostrar que han encontrado el "arriba" a pesar de su orientación cuando los pusiste en el vaso.

8. Toma una foto de los frijoles para documentar su crecimiento.

9. Humedece los frijoles como antes, envuélvelos en la toalla de papel y el papel de aluminio y devuélvelos al vaso. Pero esta vez apunta hacia abajo el extremo que originalmente estaba hacia arriba (pon el papel de aluminio al revés).

10. Cuando pase otra semana, abre el papel de aluminio y registra el nuevo crecimiento. Debes notar que después de la dirección original de crecimiento, los frijoles se ajustan a estar al revés y continúan su crecimiento en la dirección "correcta". Toma otra foto para documentarlo.

PREGUNTAS PARA EL CIENTÍFICO

¿Qué observas acerca del crecimiento de las plantas en las macetas?

¿Hay una diferencia entre el crecimiento de la planta inclinada hacia el sol y de la que estaba en dirección opuesta al sol?

¿Cómo sabes que fue la gravedad y no el sol u otro factor lo que hizo que las plantas crecieran de la manera que lo hicieron?

¿Crecieron los frijoles en la dirección que esperabas durante la primera semana?

Después de la segunda semana, ¿cambió la dirección de los tallos y las raíces?

¿Por qué piensas que ocurrió este cambio?

¿Puedes determinar que los frijoles empezaron a crecer en una dirección y después cambiaron? ¿Cómo puedes determinarlo?

CONCLUSIÓN

Desde que son solo semillas, las plantas tienen la habilidad de saber dónde está "arriba" e inmediatamente empiezan a crecer en esa dirección. Las plantas maduras ya han desarrollado su sistema de raíces, pero ajustarán continuamente la dirección del crecimiento del tallo y de las hojas para encontrar arriba. Algunas plantas que crecen muy altas son capaces de rodear obstáculos y encontrar el camino hacia arriba.

Como seguimiento, puedes plantar los frijoles en la tierra poniéndolos de lado y mirar cómo se ajustan una vez más a la dirección de la gravedad. Muy pronto, los tallos brotarán del suelo y las raíces hallarán su camino al fondo.

SÓLIDO: un estado en el cual un material es duro y por lo general muy denso. Un sólido mantiene su forma aunque esté fuera de un recipiente.

LÍQUIDO: un estado en el cual un material es fluido y menos denso que un sólido, pero más denso que un gas. Un líquido asume la forma del recipiente que lo contiene, pero no se expande en el recipiente.

GAS: un estado de alta energía en el cual un material es una colección de moléculas que se mueven al azar, por lo general a altas velocidades. Un gas asume la forma del recipiente que lo contiene, pero se expande o se comprime para hacerlo.

SEGUNDA LEY DE LA TERMODINÁMICA: el calor siempre fluye de un objeto más caliente a un objeto más frío.

PROPIEDADES QUÍMICAS

Todos los materiales que ves y muchos de los que no ves están agrupados por ciertas características. Ejemplos de estas características incluyen densidad, presión, temperatura, volumen, fase y composición atómica. En este capítulo, examinaremos cuestiones relacionadas con todas ellas, pero nos enfocaremos en fase, densidad y presión.

HAZLO: HERVIR EL HIELO

La mayoría de los materiales con masa por lo habitual existen en tres fases diferentes: **sólido**, **líquido** o **gas**. Cada fase tiene un conjunto de propiedades únicas que describen el material de maneras especiales. Tomemos el agua como ejemplo. ¿Sabes cómo luce en sus formas sólida, líquida y gaseosa?

PREGUNTA

¿Por qué una olla de agua hirviendo deja de hervir cuando le ponemos un cubo de hielo?

MATERIALES

- Olla de agua
- Estufa
- Varios cubos de hielo

PROCEDIMIENTO

1. Pon la olla de agua en la estufa y enciende la hornilla a fuego rápido hasta que el agua hierva. Es posible que tengas que pedir permiso o pedir ayuda en este paso.

2. Una vez que el agua alcanza la ebullición, pon varios cubos de hielo dentro de la olla y mantén el agua hirviendo. Observa lo que sucede.

QUÉ SUCEDE

La ebullición debe detenerse enseguida. ¿Por qué? Debido a **la Segunda Ley de la Termodinámica**. De acuerdo con esta ley, el calor proveniente de la hornilla siempre irá al objeto más frío de la olla, en este caso, el hielo. Así el calor de la hornilla deja de hacer hervir el agua caliente y empieza a derretir el agua sólida.

SEGUIMIENTO

Cuando el hielo finalmente se derrite, ¿volverá el agua a hervir enseguida?[1] Una vez que el agua vuelva a hervir, fíjate en el vapor que sale de la olla. ¿De dónde viene? Es la misma agua en otro estado, como gas, y se llama vapor de agua. Lo vemos cuando tomamos una ducha en una habitación fría y cuando vemos nubes o niebla en el cielo.

CIENCIA EN LÍNEA

En 1869, un químico ruso llamado Dmitri Mendeleev organizó todos los materiales conocidos del universo en una tabla que se conoce ahora como la Tabla Periódica de los Elementos. Cada elemento está definido por un cierto arreglo de protones, electrones y neutrones. La tabla está organizada para que los elementos aparezcan en orden de Número Atómico, es decir, el número de protones en un elemento. Aquí está un enlace a una Tabla Periódica interactiva: *www.acienciasgalilei.com/qui/ tablaperiodica0.*

CURIOSIDADES

¡Toma casi siete veces más energía derretir 1 kilogramo de hielo que hervir un 1 kilogramo de agua!

HAZLO:
HACER FLOTAR UNA UVA

Una de las muchas formas en que puedes describir un material es por su densidad. La densidad no es nada más que la medida de cuán sólido es algo. Por ejemplo, el agua es menos sólida que un pedazo de concreto, y su densidad es menor que la del concreto. Los científicos usan una fórmula que tiene en cuenta la masa (cuánto material hay) y el volumen (cuánto espacio ocupa el material) para determinar la densidad de un objeto. Mientras menos denso es, menos apretadas están las partículas que lo componen, y más espacio tiende a abarcar.

La densidad es lo que hace que los globos floten en el aire, que los cubos de hielo floten en las bebidas y que las piedras se hundan hasta el fondo de un lago. ¡Pero también puede ser divertida! Aquí hay un truco que seguro va a asombrar a tus amigos.

PREGUNTA

¿Puedes hacer flotar una uva en el medio de un vaso de agua?

Cita genial

La ciencia no es más que un refinamiento del pensamiento cotidiano.

—ALBERT EINSTEIN

MATERIALES

- Cinta de enmascarar
- Marcador
- 4 vasos
- 1 vaso más grande o una taza de medida
- Agua y azúcar
- Uvas
- Una cuchara

PROCEDIMIENTO

NOTA: Antes de hacer este truco ante el público, debes practicar solo. Cuando estés listo para actuar, debes tener los vasos ya preparados.

1. Usando la cinta de enmascarar y el marcador, etiqueta cada vaso como #1, #2, #3 y #4.

2. Llena la taza de medida con agua y échale azúcar suficiente para que una uva flote hasta la superficie del agua. Si queda un poco de azúcar sin disolver, déjala que se deposite en el fondo de la taza.

3. Llena el vaso #1 con agua.

4. Coloca una uva en el vaso #1 y observa lo que le sucede.

5. Llena el vaso #2 con la solución de agua y azúcar que habías preparado.

6. Coloca una uva en la solución de agua y azúcar. Debes ver que flota hasta la superficie.

7. Ahora llena el vaso #3 hasta la mitad con la solución de agua y azúcar.

8. Lenta y cuidadosamente llena el resto del vaso #3 con agua, teniendo cuidado de *no* mezclarla con el agua azucarada más pesada que hay debajo. Puedes colocar una cuchara dentro del vaso y verter el agua en la cuchara antes de que caiga en el agua azucarada. Puede que te tome varios intentos dominar este paso, pero cuando termines, te darás cuenta de que no puedes diferenciar entre los dos líquidos del vaso #3.

9. Coloca una uva en el vaso #3 y observa lo que hace.

lo que hay ahí, pero tu público no. La uva se hunde en el agua, ya que es más densa que el agua, pero flota en la superficie de la solución de agua y azúcar, ya que es menos densa que la solución. Si preparas la solución con bastante antelación, será casi imposible detectar la separación entre el agua sola y el agua azucarada.

SEGUIMIENTO

Con el último vaso (#4), experimenta para ver si puedes lograr una nueva solución de agua y azúcar que, cuando la mezcles, haga que la uva flote justo hasta la mitad del vaso como en el vaso #3.

QUÉ SUCEDE

La uva es más densa que el agua, así que se hunde inmediatamente hasta el fondo del vaso. La solución de agua y azúcar contiene más material en el mismo vaso, de modo que es más densa que el agua sola. Es también más densa que la uva, así que la uva flota hasta arriba. El tercer vaso es el del "truco". Tú sabes

CURIOSIDADES

La densidad del sol es 1.41 veces la del agua. A continuación, las densidades del sol y de todos los planetas de nuestro sistema solar como múltiplos de la densidad del agua.

Sol:	1.41
Mercurio:	5.43
Venus:	5.42
Tierra:	5.52
Marte:	3.93
Júpiter:	1.33
Saturno:	0.69
Urano:	1.32
Neptuno:	1.64

PREGUNTA

¿Puedes hacer flotar un líquido?

RESUMEN DEL EXPERIMENTO

Vas a verter líquidos con densidades diferentes en el mismo recipiente, produciendo una solución de varias capas. Usando colores, vas a mostrar cómo otros líquidos que se vierten en la solución encuentran su camino hasta la capa "correcta". También vas a "limpiar" un poco del agua coloreada y te van a animar a considerar otros patrones de colores posibles.

CONCEPTO DE CIENCIA

Los cubos de hielo flotan en el agua porque el hielo es menos denso que el agua. Del mismo modo, un derrame de petróleo tiende a flotar en la superficie del agua, porque el petróleo es también menos denso que el agua. Sin embargo, los objetos sólidos, e incluso los líquidos más espesos, se hundirán en el agua porque son más densos que el agua. Para comparar las densidades de dos o más materiales, puedes idear un recipiente para probar líquidos, con capas de líquidos, cada uno de una densidad diferente. Los científicos pueden identificar materiales desconocidos fijándose en cómo los materiales se separan. Esto facilita la limpieza de la contaminación en lagos y ríos.

CURIOSIDADES

El aire que respiramos está compuesto por varios gases, pero los dos más importantes son nitrógeno y oxígeno. Los porcentajes son:

nitrógeno (78%)
oxígeno (21%)
otros gases (1%)

MATERIALES

- Colorante de alimentos rojo y azul
- Taza de medida
- 1 taza de sirope de maíz
- Una botella transparente (Sirve una botella de vidrio vacía de 24–32 onzas.)
- 1 taza de aceite vegetal
- ½ taza de agua
- ½ taza de lejía (Cuidado con la lejía. Siempre pídele ayuda a un adulto antes de usarla.)

PROCEDIMIENTO

1. Mezcla el colorante rojo en una taza de medida llena de sirope de maíz. Vierte el sirope en la botella.

2. Vierte el aceite en la botella encima del sirope de maíz. ¿Se mezclan estos dos líquidos?

3. Mezcla el colorante azul en una taza de medida llena de agua. Vierte el agua en la botella encima del aceite. Dale varios minutos para que se asiente. ¿A dónde va el agua cuando la viertes en la botella? ¿Puedes explicar por qué hace eso?

4. En este punto, debes tener en la botella tres capas bien definidas. La del fondo será roja; la del medio, una fina capa azul; y la de arriba, transparente.

5. Ahora vierte la lejía en la mezcla y observa qué le sucede al agua azul. Dale varios minutos a la mezcla para que se asiente.

CURIOSIDADES

¿Sabías que tanto el cemento como el acero pueden flotar? Debido al principio de Arquímedes, que dice que los objetos están sostenidos por una fuerza igual al peso del agua que desplazan, incluso barcos muy pesados, si se diseñan bien, pueden flotar.

CONCLUSIÓN

Los tres primeros líquidos tienen densidades diferentes y existen en capas en la botella. Cuando añades la lejía, atraviesa el aceite y se hunde, porque es más densa que el aceite. No es tan densa como el sirope de maíz, así que no se hunde hasta el fondo. Por eso se queda en la misma capa que el agua azul y se mezcla bien con ella. Entonces, la lejía y el agua se mezclan y la lejía vuelve transparente al agua azul.

PREGUNTAS PARA EL CIENTÍFICO

¿Qué le pasó al agua azul?

¿Puedes describir dónde terminó la lejía?

¿Por qué la lejía no se mezcló con el sirope?

SEGUIMIENTO

Será divertido hacer una mezcla que tenga una banda roja, una blanca y una azul, en ese orden. Para esto hay que teñir el aceite (la capa superior) de rojo o de azul. ¿Por qué esto no se puede hacer en el modelo que estás usando?

HAZLO:
HACER FLOTAR EL AGUA

El aire está a nuestro alrededor. Lo respiramos, lo usamos para inflar las gomas del auto y lo sentimos cuando el viento sopla. Uno de los aspectos sorprendentes del aire es que no lo podemos ver, ni saborear y, solo en algunos casos, lo sentimos, oímos u olemos. Sin embargo, es una pieza importantísima de nuestras vidas.

Cuando el aire está en un recipiente, ejerce presión sobre lo que lo rodea. Esta presión es la que crea el viento y el clima, la que hace volar a los aviones, la que hace que las bolas curvas sean curvas y la que mantiene infladas y listas para rodar por las calles las gomas del auto. En resumen, la presión de aire es parte de todo lo que hacemos.

Aquí hay un truco mágico fácil que, en realidad, no es mágico. Una vez que entiendas cómo funciona la presión de aire, puedes sorprender a tus amigos dos veces: una vez con la demostración y la otra con la explicación.

Cita genial

La imaginación es más importante que el conocimiento.
El conocimiento es limitado. La imaginación da la vuelta al mundo.

—ALBERT EINSTEIN

PREGUNTA

¿Puedes hacer flotar el agua en el aire?

MATERIALES

- Una taza pequeña (mejor si es de plástico transparente)
- Agua
- Un fregadero, bañera o bandeja para recoger el agua que caiga durante la demostración
- Una tarjeta de notas o un pedazo pequeño de papel (la tarjeta debe cubrir la parte superior de la taza)

PROCEDIMIENTO

1. Llena la taza de agua hasta tres cuartos. La cantidad de agua no es tan importante, aunque puede que te sea más difícil con la taza llena.

2. Mientras sostienes la taza sobre el fregadero, dale la vuelta lentamente y observa cómo el agua sale de la taza.

3. Ahora rellena la taza con agua y pon la tarjeta encima de la taza, asegurándote de que cubra toda la parte de arriba.

4. Presiona la tarjeta suave pero con firmeza mientras pones la taza al revés.

5. Mantén la mano en la tarjeta por un momento y, después, quita la mano. La tarjeta debe quedarse en el lugar y el agua parecerá flotar en la taza sin que nada la sostenga.

QUÉ SUCEDE

Cuando das vuelta a la taza por primera vez, el agua se vierte porque la gravedad la hala hacia el fregadero. La única forma de evitarlo es encontrar una fuerza que contrarreste la gravedad, como la presión de aire.

Cuando añades la tarjeta, ves los efectos de la presión de aire. El aire debajo de la taza empuja la tarjeta hacia arriba, como mismo empuja todo lo que te rodea. En este caso, la fuerza ascendente de la presión de aire basta para cancelar el efecto de la gravedad en el agua y mantener el agua "flotando" en la taza.

Dependiendo de la resistencia de la tarjeta que uses, verás que, con el tiempo, el agua empieza salirse. A medida que esto sucede, se empieza a romper el precinto y la tarjeta ya no puede evitar que la gravedad gane la batalla. Pronto toda el agua se derrama.

¡REVOLTILLO!

¿Puedes rellenar los espacios en blanco para completar frases comunes acerca de huevos? Elige palabras de la lista que se encuentra en el fondo de la botella.

Andar con cuidado:

Andar _____ huevos

Palabras de precaución:

No _____ todos los

huevos en la _____

_____.

¿Qué fue lo primero? ¿El huevo o la

_____?

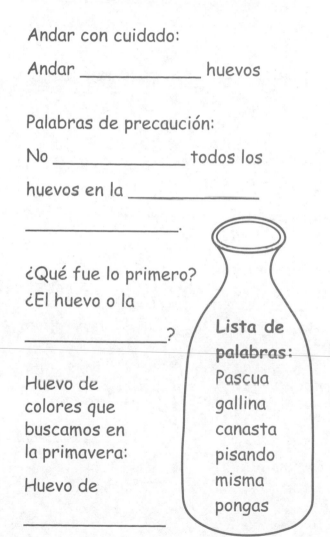

Lista de palabras:
Pascua
gallina
canasta
pisando
misma
pongas

Huevo de colores que buscamos en la primavera:

Huevo de

_____

PREGUNTA

¿Puedes meter un huevo en una botella sin tocarlo?

RESUMEN DEL EXPERIMENTO

El aire tiene la habilidad de hacer que los objetos entren y salgan de lugares en los que normalmente no cabrían. En este experimento, meterás a la fuerza un huevo duro en una botella, sin tocar el huevo.

CONCEPTO DE CIENCIA

El aire tiene un comportamiento interesante. Siempre fluye de una zona de alta presión a una de baja presión. Es por eso que cuando se te pincha una llanta de la bicicleta el aire sale. En este experimento, colocarás un huevo duro entre alta presión (el aire exterior) y baja presión (el aire dentro de la botella). El aire desea tanto meterse en la botella que apartará de su paso cualquier cosa que se interponga en su camino (el huevo). Vas a usar este principio para meter el huevo.

Para que funcione, tendrás que bajar la presión dentro de la botella de manera tal que el aire exterior fuerce al huevo a entrar en la botella. Lo vas a lograr colocando fósforos encendidos dentro de la botella. Los fósforos se quemarán hasta que el oxígeno dentro de la botella se haya consumido. Llegados a este punto, habrá menos aire del que previamente había (ya que parte del mismo fue consumido por el fuego) dentro de la botella, lo cual resulta en una disminución de la presión de aire. A medida que el aire exterior entra en la botella, empuja el huevo hacia adentro.

MATERIALES

- 1 huevo duro sin cascarón
- Una botella de boca ancha (Las botellas de jugo de 20–32 onzas sirven, pero asegúrate de que el huevo sea ligeramente mayor. Si la boca es demasiado pequeña, el huevo se atascará.)
- 3 fósforos
- Un pedazo pequeño de papel (1 × 1 pulgada)

PROCEDIMIENTO

Inserción

1. Coloca el huevo duro en la boca de la botella. Debe sostenerse bien, pero sin caer dentro. Puedes intentar meter el huevo en la botella para verificar que no cabe con facilidad.

2. Quita el huevo y coloca tres fósforos encendidos con el papel dentro de la botella. ¡Sólo usa los fósforos bajo la supervisión de un adulto!

3. Rápidamente vuelve a colocar el huevo en la boca de la botella, de modo que ésta quede sellada.

4. Observa cómo se apagan los fósforos y cómo el huevo entra en la botella.

Extracción

1. Dale vuelta a la botella para que el huevo caiga en la abertura sin salirse. Sopla en la boca. (Se recomienda que un adulto haga esta parte.)

2. A medida que aumenta la presión dentro de la botella, el huevo debe salir y entrar en tu boca.

PREGUNTAS PARA EL CIENTÍFICO

¿Por qué el huevo se introduce en la botella?

¿Qué relación tienen los fósforos encendidos con este experimento?

¿Cuáles son algunos ejemplos de aire que fluye de alta presión a baja presión?

CURIOSIDADES

El pH es lo que los científicos usan para medir la acidez de una sustancia. Un valor de pH de 7.0 es neutral, mientras que valores mayores que 7.0 indican una base. Valores de pH menores que 7.0 indican ácidos. Aquí hay algunos valores de pH de alimentos comunes:

Alimento	pH
Limones	2.3
Fresas	3.2
Tomates (entero)	4.6
Papas	6.1
Maíz dulce	7.3
Huevos blancos	8.0

REACCIONES QUÍMICAS

¿Alguna vez has probado un limón y has apretado los labios por lo ácido que estaba? ¿Te has preguntado por qué algunas comidas saben de la manera que saben? Una razón es por las sustancias llamadas **ácidos** y **bases**. Los limones y otros cítricos están llenos de ácido cítrico y ácido ascórbico (vitamina C), que tienen muchos beneficios para la salud. Pero también son los responsables del sabor ácido. Por otra parte, algunos alimentos se llaman bases. Están en el otro extremo de la escala de acidez y tienen sabor amargo. Las bases incluyen el bicarbonato (que usamos para hornear), las tabletas antiácidas (para ayudar a combatir la indigestión y la acidez) y algunos jabones.

HAZLO:

INDICADOR DE COL MORADA

Hay muchas maneras sofisticadas de probar si algo es un ácido o una base, pero lo puedes hacer con sencillez en la comodidad del hogar.

PREGUNTA

¿Cómo puedes averiguar si algo es un ácido o una base?

MATERIALES

- **Indicador** de col: el líquido de un frasco de col morada encurtida del supermercado
- 1 plato pequeño para cada uno de los materiales que desees probar. Aquí hay algunos ejemplos:
  - Jugo de limón
  - Jugo de naranja
  - Bicarbonato
  - Vinagre
  - Tableta antiácida
  - Bolsa de té, mezclada con agua para hacer té
  - Café molido
- Gotero

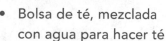

PALABRAS ÚTILES

INDICADOR: un líquido (como el jugo de una col morada) que te dice si algo es un ácido o una base.

PROCEDIMIENTO

1. Vierte un poco del indicador en varios platos.

2. Pon una gota de cada una de las muestras a probar en cada plato y observa lo que le sucede al indicador.

QUÉ SUCEDE

Con algunas de las muestras, el indicador se pone rosado. Esa es la prueba de que se trata de un ácido. Otras muestras deben poner al indicador de color azul verdoso. Esas son las bases. Ahora que sabes lo que estás buscando, ¿puedes hallar otros ácidos y otras bases en tu cocina?

ADVERTENCIA: Algunos ácidos son muy peligrosos para los humanos. Cuida que ninguna muestra te caiga en la piel, y nunca trates de comer o beber cosas con las que estés experimentando.

Cita genial

La frase más emocionante que podemos escuchar en ciencia, la que anuncia nuevos descubrimientos, no es "¡Eureka!" (Lo encontré), sino "Es curioso. . . ."

—ISAAC ASIMOV, ESCRITOR Y BIOQUÍMICO

HAZLO:
PELADOR DE HUEVO CRUDO

Ahora que sabes encontrar ácidos, estás preparado para ver lo que puede hacer un ácido a un objeto de la cocina.

BURBUJAS ASOMBROSAS

¿Puedes encontrar el camino del PRINCIPIO al FIN sin explotar ninguna de las burbujas?

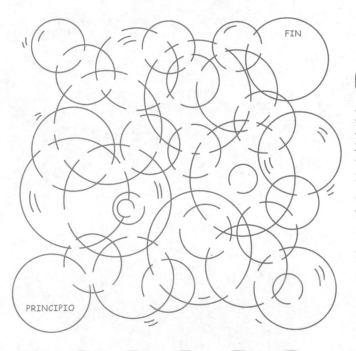

PREGUNTA

¿Cómo puedes pelar un huevo crudo?

MATERIALES

- **Huevo crudo** • **Vaso pequeño** • **Vinagre**

PROCEDIMIENTO

1. Coloca el huevo dentro del vaso.
2. Echa suficiente vinagre en el vaso para que cubra completamente el huevo.
3. Déjalo reposar varios días.
4. Verás que el cascarón desapareció y que tu huevo crudo es transparente. Es posible que tengas que restregar la superficie para quitar por completo las últimas partes del cascarón.

QUÉ SUCEDE

El ácido del vinagre se come el cascarón poco a poco hasta que no queda nada de él. Cuando el huevo se hace transparente, ves la delgada membrana que contiene al huevo dentro del cascarón. Fíjate en que hay un burbujeo durante el proceso de "pelado". Los cascarones están hechos de carbonato de calcio, que reacciona con el vinagre (un ácido) y hace acetato de calcio, dióxido de carbono (las burbujas que ves) y agua.

HAZLO:
ESPUMA EN LA BOCA

Todos los días te pones algo en la boca que produce burbujas de manera similar al experimento anterior. Sin embargo, esto no requiere ningún ácido, solo pasta de dientes y una lata de soda.

PREGUNTA

¿Cómo puedo llenarme la boca de espuma?

MATERIALES

- Pasta de dientes con bicarbonato
- Cepillo de dientes
- **Soda carbonatada** o agua carbonatada
- Fregadero

PROCEDIMIENTO

1. Cepíllate los dientes con la pasta de la misma manera de que lo haces todos los días.

2. En vez de escupir cuando termines, abre la boca y toma un sorbo de soda carbonatada o agua carbonatada. Debes sentir un burbujeo en la boca.

3. ¡Abre la boca y deja que la espuma salga! (Hacer esto sobre un fregadero.)

QUÉ SUCEDE

Los ingredientes de la pasta de dientes con bicarbonato están diseñados para hacer algunas burbujas, como seguramente has notado durante tu cepillado habitual. Cuando le añades la bebida carbonatada, que tiene el gas dióxido de carbono, se produce una reacción que producirá más y más burbujas.

PALABRAS ÚTILES

SODA CARBONATADA: una bebida que tiene dióxido de carbono, haciendo que esta burbujee.

ADVERTENCIA: Esto solo debe hacerse bajo la supervisión de un adulto. Asegúrate de que tengas un lugar hacia donde pueda correr la espuma. Nunca trates de tragártela o de mantenerla en la boca. Si tragas mucho de esta mezcla, puedes enfermarte.

CURIOSIDADES

Las nuevas técnicas de limpieza dental usan bicarbonato como abrasivo en lugar de raspar.

PREGUNTA

¿Qué hace que las cosas burbujeantes?

RESUMEN DEL EXPERIMENTO

En este experimento, producirás combinaciones diferentes de mezclas que reaccionan para formar **soluciones** burbujeantes. Vas a empezar con una mezcla de bicarbonato y vinagre, y luego harás una soda de limón no muy sabrosa, pero bebible.

CONCEPTO DE CIENCIA

Algunos materiales, cuando entran en contacto con otros, reaccionan formando burbujas. Los ácidos y las bases se combinan con frecuencia para formar dióxido de carbono, que es el gas que hace que el agua carbonatada produzca burbujas. Experimentarás con varios ingredientes comunes para determinar de qué manera reacciona cada uno.

MATERIALES

Parte I
- ½ taza de vinagre
- Una botella de vidrio de 20 onzas
- 2 cucharadas de bicarbonato
- ¼ de taza de agua

Parte II
- Una jarra de agua
- Colorante de alimentos
- 3 cucharaditas de bicarbonato
- 2 cucharadas de azúcar
- 2 cucharadas de jugo de limón

Parte III
- Un pedazo pequeño de hielo seco, ¼ de libra a lo sumo (Se puede conseguir en muchos mercados y pescaderías. Es posible que necesites un adulto que te ayude a comprarlo y transportarlo.)
- Un vaso grande lleno de agua

PROCEDIMIENTO

Parte I

1. Vierte vinagre en la botella.

2. Disuelve el bicarbonato en el agua y vierte la mezcla en la botella.

3. Observa lo que sucede.

Parte II

1. Colorea el agua de la jarra con el colorante de alimentos. Recuerda que al final vas a bebértela, así que elige un color que te atraiga beber.

2. Revuelve el bicarbonato y el azúcar. Mézclalos hasta que se disuelvan.

3. Añade jugo de limón y observa cómo tu bebida se carbonata.

Parte III

1. Pon el hielo seco en el agua y observa lo que sucede.

 ADVERTENCIA: El hielo seco es muy frío y debe manejarse solo con guantes y la supervisión de un adulto.

PALABRAS ÚTILES

SOLUCIÓN: una mezcla de dos o más líquidos.

PREGUNTAS PARA EL CIENTÍFICO

¿Qué tipos de materiales reaccionan para hacer burbujas?

¿Cómo sabe tu bebida de limón? ¿Qué ingredientes crees que podrían mejorar el sabor?

¿Crees que tu bebida de limón funcionaría con el jugo de otras frutas? ¿Qué frutas crees que funcionen?

¿Podrías usar hielo seco para hacer una bebida carbonatada?

HAZLO:

LIMPIEZA DE CENTAVOS

Algunas reacciones químicas pueden limpiar objetos, eliminando la suciedad. Los detergentes hacen esto con la suciedad de la ropa y de los platos, y el jabón con que te bañas hace lo mismo con tu cuerpo. Pero, ¿y los metales? Son más difíciles de limpiar.

PREGUNTA

¿Cómo limpias un centavo?

MATERIALES

- Vinagre
- Frasco de vidrio
- 1 cucharadita de sal
- Centavos sucios

PROCEDIMIENTO

1. Vierte vinagre en el frasco hasta la mitad.

2. Revuelve la sal hasta que se disuelva.

3. Deja caer algunos centavos sucios en el vinagre.

4. Después de unos minutos, saca la mitad de los centavos y ponlos a secar en una toalla de papel.

CIENCIA EN LÍNEA

Para ver cómo se hace el dinero y cuánto se hace, visita el sitio *www.usmint.gov*.

CURIOSIDADES

Los óxidos son lo que los metales producen cuando encuentran oxígeno. El óxido más famoso es el óxido de hierro o herrumbre.

5. Saca los otros centavos y enjuágalos con agua antes de secarlos.

6. Observa las diferencias entre los dos grupos de centavos después de haber estado un rato fuera de la solución de vinagre y sal.

QUÉ SUCEDE

La solución de vinagre y sal ablanda el residuo sobre los centavos, que se llama óxido de cobre. Cuando este residuo se elimina, los centavos vuelven a estar brillantes. Cuando los enjuagas, termina la limpieza y quedan brillantes. Los que no se enjuagaron todavía tienen algo de la solución y, cuando el oxígeno del aire les da, ocurre una nueva reacción que los pone de color verde azuloso.

SEGUIMIENTO

Intenta hacer el mismo experimento con monedas de cinco, de diez y de veinticinco centavos. ¿Obtienes los mismos resultados?[2]

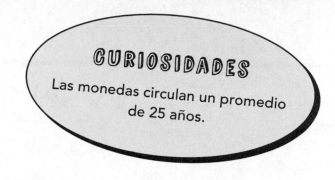

CURIOSIDADES
Las monedas circulan un promedio de 25 años.

BAÑO ÁCIDO

¡Ay! Este joven científico trató de limpiar los brazaletes de cobre de sus compañeros. Pero el ácido era demasiado fuerte y eliminó parte de las letras. Pregunta: ¿Puedes añadir las líneas que faltan para completar las letras y ver a quién pertenece cada brazalete?

EMELIA

CARLOS

ROSA

LUCAS

PREGUNTA

¿Cómo se ponen brillantes las cosas metálicas?

RESUMEN DEL EXPERIMENTO

La galvanoplastia es el proceso de tomar un metal y usarlo para recubrir otra cosa. Es un proceso complejo que usa la electricidad y es difícil de ejecutar en un laboratorio casero. Este experimento no es verdadera galvanoplastia, pero sí produce transferencia de cobre de los centavos a los clavos.

CONCEPTO DE CIENCIA

Es posible quitar átomos de un material (como el cobre) y dejarlos flotar en un líquido sin que puedas verlos. Para recuperarlos, solo tienes que hacer que quieran fijarse al metal que quieres recubrir. En este caso, la solución de vinagre y sal desprende los átomos de óxido de cobre (la "suciedad" de los centavos) y cuando estos se disuelven, forman átomos de cobre que quieren unirse a otro metal. Los clavos atraen los átomos de cobre que flotan en el agua, y éstos se pegan a los clavos, recubriéndolos con cobre.

MATERIALES

- Solución de vinagre y sal preparada como se describe en la actividad "Limpieza de centavos"
- Centavos sucios
- 2 clavos limpios o clips de metal

PALABRAS ÚTILES

GALVANOPLASTIA: un proceso que usa un metal para recubrir otro metal.

PROCEDIMIENTO

1. Prepara la solución de vinagre y sal como se describe en la actividad previa.

2. Pon los centavos en la solución de vinagre y sal hasta que estén limpios.

3. Saca los centavos y ponlos a un lado.

4. Coloca los clavos en la solución que queda y déjalos ahí algunas horas.

5. Cuando vayas a sacar los clavos, hazlo con cuidado y mira bien si han cambiado de color. Si no notas el cambio, devuélvelos a la solución. Si quieres acelerar el proceso, coloca más centavos sucios en la solución junto con los clavos.

PREGUNTAS PARA EL CIENTÍFICO

¿Qué es el recubrimiento de los clavos?

¿Por qué no puedes ver ese recubrimiento en la solución antes de poner los clavos en ella?

CONCLUSIÓN

Estás observando un proceso asombroso. La solución ácida no solo quita la suciedad (que es una combinación de cobre y oxígeno llamada óxido de cobre), sino que, al mismo tiempo, deja átomos de cobre flotando en la solución. Estos átomos son tan pequeños que no los puedes ver, pero van a flotar en la solución ácida hasta que encuentren un metal cargado negativamente al que adherirse. Cuando pones los clavos en el ácido, algunos de sus átomos se desprenden y dejan el clavo con una carga negativa. Los átomos de cobre son atraídos por los clavos y se adhieren a ellos, dándoles un ligero tinte cobrizo.

QUÍMICA

CONSTRUYE UN BARÓMETRO

Cuando ves las noticias, los reporteros del tiempo con frecuencia se refieren a la presión barométrica como un indicador de las condiciones climáticas actuales y futuras. En particular, te dirán si la presión está subiendo o bajando. Por lo general, la caída de la presión, o la presencia de un sistema de bajas presiones, indica mal tiempo, y la presión que sube, o la presencia de un sistema de altas presiones, indica buen tiempo. Cuando el aire se calienta, la presión tiende a aumentar, mientras que el aire que se enfría va acompañado de baja presión. Te darás cuenta de esto cuando subas una montaña. A mayor elevación, el aire es más fino, lo que quiere decir que la presión es más baja, y el aire suele ser más frío.

No es difícil construir tu propio barómetro, que te permitirá predecir el tiempo desde la comodidad de tu casa.

PREGUNTA

¿Cómo funciona un barómetro?

RESUMEN DEL EXPERIMENTO

Vas a construir tu propio barómetro, que te permitirá registrar el tiempo durante varios días y predecir el tiempo. Vas a usar niveles de agua en una botella vacía de 2 litros para registrar la subida y la caída de la presión atmosférica. Después de reunir datos durante varios días, podrás comparar tus predicciones con las que dan en las noticias locales.

CONCEPTO DE CIENCIA

Los barómetros se usan para medir la presión del aire exterior en un momento determinado. También se usan para predecir el tiempo. Para ello, se registran los valores de la presión durante un tiempo para determinar si hay una tendencia al aumento o a la disminución de presión.

Al medir la altura del agua en la botella debido a la presión de aire fuera de la botella, tendrás una manera de comparar los valores de un día con los de otro día. Con el tiempo, puedes usar las alturas cambiantes para hacer tus propias predicciones.

MATERIALES

- Cuchillo o tijeras
- Una botella plástica vacía de 2 litros (También sirven botellas más pequeñas.)
- Pecera
- Agua
- Bolígrafo marcador
- Papel

PROCEDIMIENTO

1. Usa un cuchillo o unas tijeras para cortar uniformemente el fondo de la botella plástica, de modo que se pueda sostener de manera estable sobre la mesa. Es posible que tengas que pedirle ayuda a un adulto para llevar a cabo este paso.

2. Llena la pecera de agua hasta la mitad.

3. Aprieta bien la tapa de la botella, pon la botella invertida (con la tapa hacia abajo) y échale agua de manera que, cuando la pongas al derecho, el nivel del agua dentro de la botella esté por encima del de la pecera. Una vez llena, la botella parecerá un embudo. Inviértela y ponla dentro de la pecera de manera que se quede parada en el fondo de la pecera. Haz una marca en la botella indicando la altura del agua.

4. Toma una tira de papel y haz una escala con intervalos parejos. Debe haber un punto cero en la tira de papel, con varios marcas por encima y por debajo. Esto será útil para registrar las alturas cambiantes del agua. Para mostrar mejor los pequeños incrementos que quieres medir, haz la escala bien pequeña; por ejemplo, con marcas de $\frac{1}{8}$ de pulgada entre una y otra.

5. Fija la escala a la botella, poniendo el cero en el nivel exacto del agua de la botella.

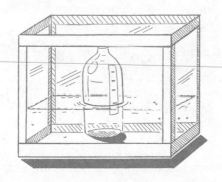

6. Haz una marca en tu escala de medida en el nivel inicial de agua. Usa la marca para indicar la fecha de tu primera medición.

7. Espera 24 horas y mide otra vez. Haz otra marca para representar la segunda medición.

8. Continúa midiendo cada día durante 1 semana. Cuando la semana haya pasado, quita la escala de medida y mira las mediciones que tomaste.

PREGUNTAS PARA EL CIENTÍFICO

¿Cambió la altura del agua durante la semana?

¿La altura subió o bajó?

¿Qué tipo de cambio en la presión de aire produce este cambio en el nivel de agua?

¿Qué tipo de tiempo vas a predecir basado en el cambio de alturas?

¿El parte del tiempo local coincidió con esta predicción?

Una vez que hayas llevado a cabo este experimento, puedes repetirlo haciendo más escalas de medida y prediciendo el tiempo futuro.

¡Felicidades! ¡Eres un **meteorólogo**!

PALABRAS ÚTILES

METEORÓLOGO: una persona que estudia y reporta condiciones del tiempo.

CONCLUSIÓN

Si la presión de aire aumenta, el aire exterior hará presión sobre el agua de la pecera y la empujará adentro de la botella. Habrá entonces un aumento de la altura del agua en la botella. Cuando los meteorólogos usan el término "pulgadas de mercurio", están usando una escala similar para medir la altura de un líquido diferente debido a la presión exterior de aire.

Si el tiempo ha sido consistente durante la semana, no verás muchos cambios en el barómetro. ¡No te desanimes! Inténtalo otra vez y dale más tiempo. Este experimento funciona todo el año.

MOVIMIENTO

Los parques infantiles son divertidos. Tanto si te gusta mecerte en los columpios, trepar en los pasamanos o montar en el subibaja, hay montones de cosas fantásticas que hacer. A los profesores de física les encantan los parques, pero no por los divertidos aparatos. Las atracciones que hay en los parques te enseñan algunas de las lecciones de física más básicas e importantes. ¡Lo que hace tan maravillosos a los parques es que puedes divertirte mucho mientras aprendes!

CURIOSIDADES

La gravedad en la luna es una sexta parte de la gravedad de la Tierra. Esto quiere decir que los objetos caen seis veces más rápido en la Tierra que en la luna.

HAZLO:
SUBIBAJA

PREGUNTA

¿Cómo equilibras un subibaja?

MATERIALES

- Lápiz
- Regla con divisiones de una pulgada
- 10 centavos, acuñados después de 1982 (porque tienen que tener dentro los mismos metales)

PROCEDIMIENTO

1. Coloca el lápiz en una superficie dura, como una mesa.

2. Coloca la regla sobre el lápiz, de forma que quede equilibrada en la marca de 6 pulgadas.

3. Coloca cinco centavos en un extremo de la regla.

4. Toma otros cinco centavos y busca el sitio en el otro extremo de la regla que haga que la regla esté en equilibrio.

5. Quita los centavos de la regla.

6. Coloca seis centavos en la marca de 2 pulgadas de la regla.

7. Busca el sitio en el otro extremo de la regla en el que, poniendo solo tres centavos, se logra el equilibrio con los seis del otro lado.

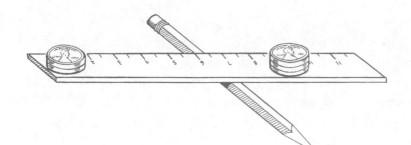

QUÉ SUCEDE

El lápiz que se coloca debajo convierte a la regla en una **palanca**. El lápiz actúa como un fulcro o punto de equilibrio. Para equilibrar la regla, tiene que haber el mismo tipo de fuerza en un lado que en el otro. La fuerza es **la gravedad** que actúa sobre los centavos. ¡Pero hay una trampa! Mientras más alejados del fulcro estén los centavos, más cuenta su gravedad en el equilibrio de la regla. Por ejemplo, tres centavos localizados a 4 pulgadas del fulcro ($3 \times 4 = 12$) van a equilibrar a seis centavos localizados a solo 2 pulgadas del fulcro ($6 \times 2 = 12$). ¿Puedes pensar en otras combinaciones que equilibren esos tres centavos?[1]

SEGUIMIENTO

La próxima vez que quieras montar el subibaja y veas que tu compañero pesa mucho más que tú, trata de ver dónde se tiene que sentar cada uno de ustedes. ¿Funcionará si montas con uno de tus padres? Si sabes el peso de los dos, podrás calcular dónde se tiene que sentar cada uno para lograr el equilibrio.[2]

PALABRAS ÚTILES

PALANCA: una herramienta usada para levantar objetos pesados.

GRAVEDAD: la fuerza que nos hala hacia el centro de la tierra y nos mantiene en el suelo.

HAZLO:

LANZA GLOBOS DE AGUA

Un juego divertido para todas las edades es lanzar globos de agua. En el picnic de las empresas de mamá y papá, en la barbacoa anual del Cuatro de Julio y en las fiestas infantiles, a todo el mundo le gusta ver cuán lejos puede lanzar el globo de agua sin que se rompa. Por supuesto, si se rompe, te mojas, y eso puede ser tan divertido como ganar.

PREGUNTA

¿Cómo evitas que se rompa el globo de agua?

MATERIALES

- Varios globos llenos de agua
- Un amigo al que no le importe mojarse

PROCEDIMIENTO

1. Toma un globo y párate frente a tu amigo. Tira el globo. Si lo agarró, ambos den un paso atrás.

CURIOSIDADES

Un lanzador de globos casero puede enviar un globo de agua a una distancia de dos campos de fútbol americano.

2. Una vez que tu amigo te lance el globo, den otro paso atrás. Continúa este proceso hasta que el globo se rompa.

3. Miren cuán alejados pueden estar uno del otro sin romper el globo.

QUÉ SUCEDE

Un globo de agua es sencillamente agua contenida dentro de una cubierta de goma (el globo). Mientras nada haga estallar la goma, el globo se mantendrá intacto. El pavimento es duro y no "cede" cuando algo choca contra él, así que los globos que se arrojan contra el pavimento por lo general se explotan. La hierba, en cambio, es mucho más suave que el pavimento, de modo que los globos suelen permanecer intactos cuando aterrizan en la hierba.

Para ganar un concurso de globos de agua, aplicas lo que se conoce como el Teorema del Impulso-Momento, una forma elegante de decir que si haces retroceder las manos un tantito en el momento de atrapar el globo, la fuerza no hará estallar el globo.

SEGUIMIENTO

Los jugadores de fútbol americano usan almohadillas para que las colisiones no sean tan dolorosas. Los gimnastas y los luchadores se ejercitan sobre colchonetas para amortiguar el impacto. Los paracaidistas en caída libre doblan las rodillas y, a veces corren algunos pasos cuando alcanzan el suelo. ¿Puedes pensar en otras personas que usen la idea de amortiguar para suavizar un golpe?[3]

Cita genial

Cada oración que yo pronuncie no debe tomarse como una afirmación, sino como una pregunta.

—NIELS BOHR, FÍSICO DANÉS

E=mc²

LECCIONES DE LABORATORIO

PREGUNTA

¿Por qué flotan los barcos?

RESUMEN DEL EXPERIMENTO

Usando pedazos de plastilina y otros materiales sencillos, explorarás cómo el tamaño y la forma afectan la habilidad de flotar de un barco. También verás cuánto peso puede soportar tu barco y qué diseño funciona mejor.

CONCEPTO DE CIENCIA

De acuerdo con **el principio de Arquímedes**, los barcos flotan porque el agua los empuja hacia arriba con una fuerza igual a su peso. A esto se le llama flotabilidad. Puedes tomar un material (plastilina, por ejemplo) y darle una forma que se hunda. O puedes tomar la misma cantidad de plastilina y darle forma de un barco que flote. Tú, y los diseñadores de barcos de todo el mundo, tienen que determinar qué forma produce la mayor flotabilidad. Una vez que hagas esto, estás listo para empezar a colocar cargas en tu barco.

MATERIALES

- Plastilina
- Tanque de agua (acuario) o bol grande
- Centavos

CIENCIA EN LÍNEA

Para respuestas a preguntas acerca de cómo funcionan las cosas, visita el sitio *www.howstuffworks.com.*

PROCEDIMIENTO

1. Forma una bola de plastilina del tamaño de la mano y déjala caer en el agua.

2. Moldea la plastilina en formas diferentes hasta que flote. Luego, coloca centavos en el barco hasta que se hunda. Anota cuántos centavos pudo sostener.

3. Prueba varias formas para ver cuál sostiene más centavos antes de hundirse.

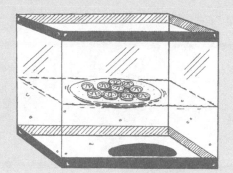

PREGUNTAS PARA EL CIENTÍFICO

¿Qué barco de plastilina sostuvo más peso?

¿Qué característica de los barcos ganadores los ayudó a sostener más peso?

¿Esta idea se aplica a barcos grandes que cruzan océanos y llevan miles de toneladas de cargamento? ¿Cómo se mantienen a flote si están hechos de metal?

¿Por qué la gente no flota como lo hicieron tus barcos?

PALABRAS ÚTILES

PRINCIPIO DE ARQUÍMEDES: un objeto desplaza una cantidad de agua equivalente a su propio peso.

SEGUIMIENTO

Otra fuerza que actúa como la flotabilidad es la resistencia del aire. El aire empuja hacia arriba los objetos que caen, de la misma manera que el agua sostuvo tu barco. El proyecto que aparece al final de esta sección trata de cómo los objetos caen en el aire y qué efectos tiene la resistencia del aire en su velocidad al caer.

CURIOSIDADES

Arquímedes es famoso por gritar "¡Eureka! Lo encontré" antes de salir corriendo del baño donde descubrió el principio de la flotabilidad.

PALABRAS ÚTILES

INERCIA: una propiedad de un objeto que lo hace mantener su estado de movimiento. Eso significa que si se está moviendo, tiende a seguir moviéndose. Si está en reposo, va a quedarse en reposo.

CURIOSIDADES

Sir Isaac Newton descubrió sus tres Leyes del Movimiento mientras pasaba un tiempo en el campo para evitar la peste bubónica que asoló Inglaterra en el siglo XVII.

HAZLO:
ESQUINAS

La mayor parte de lo que has visto en este capítulo tiene que ver con la gravedad, pero hay muchas más cosas en el mundo de la física. Dondequiera que mires, hay objetos en movimiento: autos, pájaros, hojas, pelotas, niños en parques. ¿Has estado en un auto y te has sentido empujado hacia la puerta cuando el auto dobla? ¡El auto gira a la izquierda y te sientes empujado a la derecha!

PREGUNTA

¿Por qué te sientes empujado hacia la puerta cuando el auto dobla?

MATERIALES

- Un auto manejado por un adulto (¡todos deben usar cinturones de seguridad!)
- Una calle con varias esquinas
- Opcional: Un globo de helio atado a un cordel

PROCEDIMIENTO

1. Haz que el adulto haga varios giros a diferentes velocidades (no peligrosas). Describe cómo te sientes cuando el auto dobla y en qué dirección te sientes empujado.

2. Si tienes un globo, agárralo del cordel y que se mueva en el aire libremente.

3. Dile al adulto que gire varias veces más y describe el movimiento del globo.

QUÉ SUCEDE

En realidad, no te están empujando hacia la puerta. Como estás hecho de materia, posees algo que se llama **inercia** y que viene a ser como tu peso. Tu inercia se mueve en la dirección en que tú lo haces y, de acuerdo con una ley que descubrió Isaac Newton, llamada la Ley de la Inercia, se quiere seguir moviendo en esa dirección. Cuando el auto gira, hay un problema. Va en una dirección y tu inercia va en otra dirección. El auto es más grande que tú, así que te puede obligar a cambiar de dirección, pero solo si te empuja. Pero no es por eso que sientes como si te empujaran hacia la puerta. ¡La puerta es la que te empuja, para hacerte girar! La inercia te hace sentir como si te cayeras sobre la puerta.

SEGUIMIENTO

La explicación de la "puerta que te empuja" no explica el movimiento del globo. ¿Puedes explicar por qué el globo se movió en la dirección contraria a la que te moviste tú?[4]

DOBLANDO UN POQUITO

¿Puedes hallar los siete términos que tienen que ver con las Leyes del Movimiento? En vez de leerlas en línea recta, cada palabra dobla un poquito. Las palabras pueden hallarse en cualquier dirección. Hay una palabra ya circulada.

~~GRAVEDAD~~	FUERZA
INERCIA	FÍSICA
REACCIÓN	PALANCA
ISAAC NEWTON	MOVIMIENTO

```
Ó  B  E  G  K  H  V  I  Í  S  T  A
U  S  W  R  U  S  R  M  F  U  P  I
J  T  I  A  J  Ó  E  P  C  C  A  S
F  M  N  V  E  D  A  D  M  O  V  A
Í  O  E  S  U  K  C  C  I  Ó  N  A
S  V  R  C  I  A  W  S  F  S  C  B
I  C  A  S  L  Í  J  U  U  N  J  K
K  O  P  P  H  U  E  K  E  W  S  M
G  J  U  A  Z  R  S  W  L  E  T  O
R  U  W  L  S  K  T  U  C  C  Ó  V
A  C  N  A  U  O  H  J  K  S  T  I
M  F  U  O  N  V  O  T  N  E  I  M
```

HAZLO:
GLOBO-COHETE

Una vez que has visto lo que causa que los objetos se muevan en una dirección determinada, estás listo para pensar en por qué empezaron a moverse en esa dirección. Si has visto un transbordador espacial despegando, habrás notado una enorme nube de gas y fuego que le sale por la parte de atrás. ¿Por qué los cohetes tienen que quemar tanto combustible para poner el transbordador en movimiento?

PREGUNTA

¿Cómo funcionan los cohetes?

MATERIALES

- Globo de látex
- Cordel largo
- Pajilla plástica
- Cinta adhesiva

PROCEDIMIENTO

1. Infla el globo y aguántalo con los dedos para evitar que se escape el aire.

2. Sostén el globo frente a ti y suéltalo. Observa el movimiento del globo.

3. Introduce el cordel en la pajilla y pega los dos extremos del cordel a una pared o a otro apoyo sólido de forma que la pajilla quede suspendida por encima del suelo.

CURIOSIDADES

Se necesitaría un globo de helio de más de 13 pies de diámetro para hacer flotar a una persona de 85 libras.

4. Infla el globo y aguántalo como hiciste antes.

5. Mientras aguantas el globo, pégalo a la pajilla. Da un paso atrás y suelta el globo. Observa el movimiento del globo.

QUÉ SUCEDE

Para que algo se mueva, tiene que ejercerse una fuerza sobre ese objeto. Aunque no parece haber nada empujando el globo, sí hay algo que lo hace moverse: ¡el aire! Cuando el globo suelta el aire, las partículas de aire que escapan encuentran otras partículas de aire fuera del globo. Cada grupo de partículas de aire experimenta la fuerza del otro grupo. Por eso puedes sentir el aire saliendo del globo. Pero es también lo que hace que el globo se mueva. Este es un ejemplo de otra Ley del Movimiento descubierta por Isaac Newton, que se conoce comúnmente como Ley de Acción y Reacción. Dice que cada acción (el aire que se escapa y que empuja el aire exterior) tiene una reacción opuesta e igual (el aire exterior que empuja el aire que se escapa del globo, y hace que el globo se mueva). Los cohetes funcionan de la misma manera, pero en lugar de usar globos inflados, usan enormes motores que queman un combustible muy poderoso.

PREGUNTA

¿Qué hace que un columpio se mueva?

RESUMEN DEL EXPERIMENTO

En este experimento vas a armar varios tipos de columpios, llamados **péndulos**, para probar qué los hace moverse más rápido o más lento. Vas a experimentar con el largo del cordel, el peso que cuelga del mismo y el tamaño de la oscilación para determinar cuál afecta el tiempo que se demora en completar una oscilación completa.

CONCEPTO DE CIENCIA

En el siglo XVI, en Italia, Galileo estaba fascinado con los candelabros de la catedral de Pisa que se balanceaban. En su laboratorio, diseñó experimentos para probar los factores que él pensaba que provocarían que los candelabros se balancearan con más rapidez. Para hacer los experimentos tan similares como fuera posible, usó el término **periodo** para describir el tiempo que se tardaba en hacer una oscilación completa: de un lado al otro y de regreso. Los tres factores más fáciles de probar son el largo del péndulo, cuánto peso hay en el péndulo y cuán larga es la oscilación. Tienes que escoger uno de los factores y, mientras dejas los otros dos constantes, cambias el factor que hayas escogido para determinar si esos cambios han tenido efecto en el periodo.

MATERIALES

- Varios objetos idénticos (por ejemplo, cucharas, tornillos, arandelas, lápices)
- 1 trozo de cordel largo (36 pulgadas o más)
- Tachuelas o chinchetas
- Marco de la puerta
- Cronómetro

PROCEDIMIENTO

Parte I: Peso

1. Ata un objeto al cordel.

2. Fija el otro extremo del cordel con una tachuela a lo alto del marco de la puerta.

3. Estira el cordel hacia atrás y suéltalo al mismo tiempo que echas a andar el cronómetro.

4. Cuenta 10 oscilaciones completas y detén el reloj cuando termine la décima oscilación. Anota el tiempo.

5. Ata otro objeto al cordel y repite el experimento. (El dibujo muestra cómo puedes sostener el cordel a diferentes alturas.)

6. Anota el tiempo y añade otro objeto. Repite el proceso de añadir objetos hasta que hayas anotado cuatro tiempos.

Parte II: Tamaño de la oscilación

1. Solo deja atado el primer objeto y eleva el cordel hacia atrás un poquito.

2. Como antes, cuenta 10 oscilaciones completas y anota el tiempo.

3. Eleva el cordel un poquito más y repite el experimento. Anota el tiempo.

4. Repite el proceso de subir el cordel un poquito más cada vez hasta que hayas anotado cuatro tiempos.

Parte III: Extensión

1. De nuevo, empieza con un solo objeto y anota el tiempo que tarda en hacer 10 oscilaciones.

2. Acorta el cordel unas 4 pulgadas.

3. Repite el experimento, cuidando de elevar el cordel la misma distancia que en el caso anterior. Anota el tiempo.

4. Repite el proceso de acortar el cordel 4 pulgadas hasta que hayas anotado cuatro tiempos.

PREGUNTAS PARA EL CIENTÍFICO

¿Qué factores afectan el periodo del péndulo?

¿Por qué crees que los otros factores no tuvieron un efecto sobre el periodo?

¿Cuándo te columpias en el parque, qué tienes que hacer para evitar disminuir la velocidad?

PALABRAS ÚTILES

PÉNDULO: un aparato que se columpia formado por un cordel del que se cuelga un peso.

PERIODO: el tiempo que le toma a un péndulo completar una oscilación completa.

ENERGÍA

La energía viene de muchas formas diferentes. Por ejemplo, el sol nos da energía en forma de luz y calor. Cuando comemos, le damos energía al cuerpo para que pueda correr y jugar. Los autos, los trenes y los aviones también tienen energía. Otra forma de energía se produce cuando conectamos algo a un enchufe de la pared.

ADVERTENCIA: ¡Sólo un adulto puede conectar un equipo a un enchufe! Esta forma de energía se llama **electricidad**, y ha existido por miles de años, aunque solo la hemos usado en nuestras casas hace menos de 200 años. Un uso interesante de la electricidad es hacerla actuar como un imán.

HAZLO:

ELECTRICIDAD MAGNÉTICA

PREGUNTA

¿Puede la electricidad confundir a la brújula?

MATERIALES

- Brújula pequeña (usada para la navegación)
- 1 pedazo de alambre recubierto de aislante con los dos extremos pelados
- 1 **batería** (1.5 voltios)

PROCEDIMIENTO

1. Pon la brújula en la mesa para que apunte al norte.

2. Pon el alambre encima de la brújula, de modo que esté en la misma dirección a la que apunta la brújula. Deja los extremos del alambre fuera de la brújula.

3. Toca cada extremo del alambre con los extremos opuestos de la batería. Observa lo que sucede.

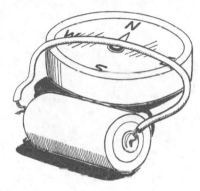

CURIOSIDADES

El polo norte magnético (el lugar al que apunta la brújula) no está localizado en el verdadero Polo Norte. Está localizado en la isla de Ellef Ringnes en el ártico canadiense. Cada año se mueve al noroeste aproximadamente 15 kilómetros.

QUÉ SUCEDE

Hans Christian Oersted descubrió que la electricidad que fluía a través de un alambre, llamada corriente, hace que el alambre actúe como un imán. El imán formado por la electricidad atrae la brújula, que es por sí misma un imán pequeño, y la hace apuntar en una dirección diferente al norte.

SEGUIMIENTO

Quita el alambre de la batería y mira cómo la brújula regresa a su posición normal. Ahora pon el alambre bajo la brújula y haz que los extremos toquen la batería otra vez. ¿Qué ves?[5]

PREGUNTA

¿Cómo funciona un **electroimán**?

RESUMEN DEL EXPERIMENTO

En este experimento, vas a construir tu propio electroimán. Enrollando alambre en un destornillador, reforzarás el campo magnético producido por la corriente que fluye por el alambre (que ya viste en el experimento anterior). Luego serás capaz de medir la fuerza de tu electroimán contando el número de clips que puede sostener.

CONCEPTO DE CIENCIA

Ya que se sabe que un alambre produce un campo magnético, enrollar un alambre en una serie de vueltas o espirales, refuerza este efecto. Estas espirales se llaman **solenoides**; cuando se usan con un núcleo metálico (como un destornillador), producen campos magnéticos muy fuertes. Cuando exponemos un clavo ordinario a estos campos, también se magnetiza, mientras que el campo exista.

MATERIALES

- Pedazo largo de alambre de cobre, preferiblemente con aislante
- Destornillador
- Cinta adhesiva
- Batería AA, C o D
- Clips de metal

PROCEDIMIENTO

1. Dejando libres unas 3 pulgadas de alambre, enrolla el alambre diez veces alrededor del destornillador.

2. Adhiere con cinta un extremo del alambre a la terminal negativa (marcada "–") de la batería.

3. Sostén el mango del destornillador en una mano mientras unes el extremo libre del alambre a la terminal positiva (marcada "+") de la batería.

4. Mira a ver cuántos clips puedes recoger y sostener con el destornillador.

5. Quita el alambre libre de la batería y enrolla otras diez espirales en el destornillador.

6. Repite el experimento y cuenta la cantidad de clips que puedes recoger.

7. De nuevo, quita el extremo libre de la batería.

8. Enrolla en el destornillador lo que quede del alambre, dejando unas 3 pulgadas libres y repite el experimento.

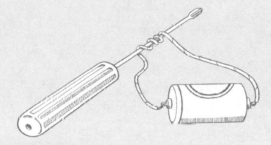

PREGUNTAS PARA EL CIENTÍFICO

¿Por qué el destornillador se convierte en un imán?

¿Cómo puedes encender y apagar el electroimán?

¿Qué efecto causó sobre la cantidad de clips que recogiste añadir más espirales al destornillador?

¿Qué ventajas tiene usar un imán que se puede encender y apagar?

SEGUIMIENTO

Practica levantar clips, moverlos en el aire y dejarlos caer en otro lugar. ¿Puedes pensar en algún lugar en que se pueda utilizar esto?[6]

CURIOSIDADES

Los electroimanes difieren de los imanes permanentes en que pueden encenderse y apagarse.

PALABRAS ÚTILES

ELECTROIMÁN: un imán que se hace haciendo pasar una corriente eléctrica por un alambre.

SOLENOIDE: un cilindro de alambre enrollado en espirales.

HAZLO:
PÁJARO ENJAULADO

La energía existe en otras formas que no son la electricidad. Mira a tu alrededor. ¿Ves los colores? Si es así, estás recibiendo energía de la luz que se produjo en el sol, viajó más de 90 millones de millas hasta la Tierra, rebotó en los objetos que estás mirando y se reflejó en tus ojos. ¡Asombroso! La luz y el color son ejemplos de la energía que vemos cada día a nuestro alrededor, pero a la que a veces no le prestamos atención.

PREGUNTA

¿Qué es una **imagen retiniana**?

MATERIALES

- Tijeras
- Tarjeta de 3 × 5 pulgadas
- Plumas de colores
- Cinta adhesiva
- Lápiz

PROCEDIMIENTO

1. Corta la tarjeta a la mitad.

2. En uno de los pedazos, dibuja un pájaro en el medio.

3. En el otro pedazo, dibuja una jaula, también en el medio.

4. Pega con cinta cada tarjeta, de espaldas, a la punta del lápiz, de modo que puedas ver un dibujo en cada lado.

5. Frota el lápiz rápido entre las manos hasta que veas el pájaro metido en la jaula.

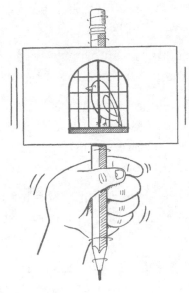

QUÉ SUCEDE

Tus ojos tienen la habilidad de ver imágenes aun cuando ya no estén. Se llaman imágenes retinianas. Cuando haces girar el lápiz bien rápido, tus ojos siguen viendo la jaula en el momento en que aparece el pájaro, y parece que el pájaro está dentro de la jaula. Lo mismo sucede cuando el pájaro desaparece. Lo sigues viendo mientras la jaula se hace visible, y el pájaro parece estar dentro de la jaula.

SEGUIMIENTO

Trata de hacer otras imágenes. Prueba con flores y un jarrón, una persona en un columpio, o una cara en la luna. Puedes usar colores para que las imágenes parezcan más realistas.

CLASIFICA EN CATEGORÍAS

Una parte importante del método científico es poner las cosas dentro de categorías. Toma las palabras de la siguiente lista y agrúpalas en dos categorías. Completa cada crucigrama con las palabras que corresponden a cada categoría. PISTA: Hemos dejado algunas letras en cada uno para ayudarte a empezar.

Lista de palabras

rápido
sólido
lento
gravedad
líquido
velocidad
gas
oscilar
equilibrio
peso
inercia
masa
densidad
fuerza
caída
tamaño

Propiedades de la materia

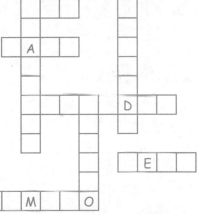

Propiedades del movimiento

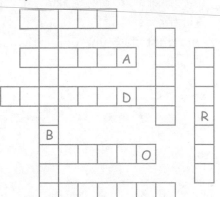

COLORES DE LA LUZ

El color es un tema muy interesante de estudiar. En la escuela, probablemente has aprendido a mezclar los colores para hacer colores nuevos. Por ejemplo, el verde se hace mezclando azul y amarillo, y el morado se hace mezclando rojo y azul. De hecho, cada color puede hacerse mezclando adecuadamente los tres colores primarios: rojo, amarillo y azul. Pero, ¿alguien ha tratado de convencerte de que el rojo, el amarillo y el azul no son los únicos colores primarios? Pues no lo son.

PREGUNTA

¿Cuáles son los colores primarios de la luz?

MATERIALES

- Bandas elásticas
- Cuadrados de celofán o de plástico con los que se pueda cubrir la luz de una linterna: necesitarás 1 rojo, 1 azul y 1 verde
- 3 linternas
- Una pantalla o una pared blancas

PROCEDIMIENTO

1. Con una banda elástica, ajusta un cuadrado de celofán o de plástico al extremo de cada linterna.

2. Enciende las linternas para asegurarte de que producen el color de luz correcto.

3. Con cuidado, ilumina la pantalla con la luz roja y la luz azul de modo que los círculos de color se superpongan. ¿Qué color se produce?

4. Ilumina la pantalla con la luz roja y la verde. ¿Qué color producen este par de colores?

5. Ilumina la pantalla con la luz azul y la verde. ¿Qué color producen este par de colores?

6. Con cuidado ilumina la pantalla con las tres luces de modo que los círculos de color se superpongan. ¿Qué color producen los tres colores?

PALABRAS ÚTILES

FILTRO: una forma de bloquear ciertos colores de la luz y evitar que lleguen a nuestros ojos.

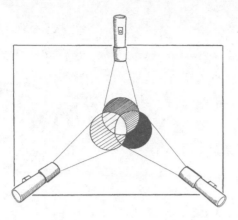

NEGRO Y BLANCO

¿Puedes encontrar la figura que es EXACTA-MENTE opuesta a cada una de las tres figuras del recuadro? Dibuja una línea entre cada par.

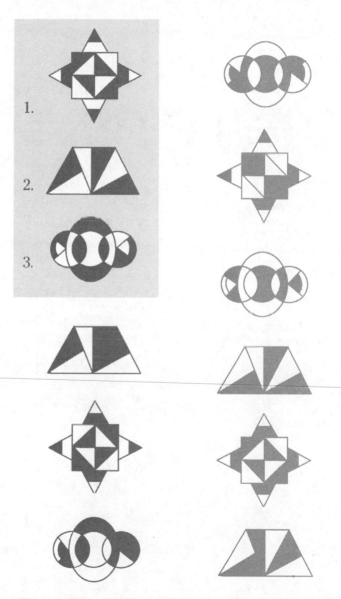

QUÉ SUCEDE

La luz se comporta de forma diferente a la pintura. Rojo, azul y verde pueden combinarse para formar cada color de la luz, por eso se les llama primarios. Los colores secundarios se forman cuando dos colores primarios se mezclan. Estos son los primeros colores que produjiste: magenta, amarillo y turquesa (azul). Cuando iluminas una pantalla con los tres colores, debes haber producido luz blanca. Si las cubiertas de celofán no son totalmente puras (la mayoría no lo son), debes ver un color parecido al blanco.

SEGUIMIENTO

Trata de mirar el mundo a través de **filtros** rojos, azules o verdes. Vas a notar que casi todo lo que ves es del color del filtro a través del cual miras. Pero también verás objetos que parecen negros. El filtro bloquea la luz de estos objetos, así que no ves color.

LECCIONES DE LABORATORIO

PREGUNTA

¿Qué color es más caliente: el blanco o el negro?

RESUMEN DEL EXPERIMENTO

En este experimento comprobarás si un objeto negro se calienta más rápido que uno blanco. Comprobarás la temperatura del agua dentro de una lata de cada color y probarás la temperatura del aire debajo de una tarjeta de cada color.

CONCEPTO DE CIENCIA

Cada color de la luz que vemos llega a nuestros ojos porque se ha reflejado en un objeto. Todos los demás colores de la luz fueron absorbidos por ese objeto. Algunos objetos absorben más luz que otros. De hecho, los objetos blancos reflejan toda la luz que reciben, lo que significa que no absorben ninguna. Por otra parte, los objetos negros no reflejan ninguna luz en nuestros ojos, lo que significa que absorben toda la luz que reciben. Este experimento mostrará cuál de estos dos termina siendo más cálido.

MATERIALES

- 2 termómetros
- 2 hojas de papel: 1 blanca y 1 negra
- 2 latas de aluminio: 1 pintada de blanco y 1 pintada de negro (dile a un adulto que te ayude a pintar las latas)
- Jarra de agua

PROCEDIMIENTO

1. Coloca los termómetros afuera y pon una hoja de papel sobre cada uno.

2. Déjalos así por 30 minutos.

3. Quita los papeles y compara la temperatura de cada termómetro.

4. Llena cada lata con agua a la misma temperatura y pon la hoja de papel del color correspondiente para cubrir cada lata (negra sobre negra, blanca sobre blanca).

5. Pon las dos latas afuera por 30 minutos. Quita los papeles y compara la temperatura de cada lata de agua.

En un día frío, ¿qué color es mejor llevar para ir a la escuela: negro o blanco?

Si vivieras en un lugar donde hace calor, ¿qué color de auto comprarías si quisieras estar lo más fresco posible?

PREGUNTAS PARA EL CIENTÍFICO

¿Qué termómetro marcó una temperatura mayor en el primer experimento?

¿Qué lata de agua estaba más caliente?

PROYECTO PARA LA FERIA DE CIENCIA:

FÍSICA

GRAVEDAD

En los albores de la ciencia, era generalmente aceptado que los objetos pesados caían más rápido que los objetos ligeros. De hecho, Aristóteles, un famoso científico del siglo IV A.C., trató de llegar a una relación matemática entre el peso del objeto y lo rápido que caía. Casi 2,000 años más tarde, Galileo no creía que esto era correcto. Probó varios objetos, sin la tecnología que tenemos ahora, y decidió que era el aire el que hacen ciertos objetos caen más lentamente que otros, no su peso. ¿Qué crees tú?

PREGUNTA

¿Por qué algunos objetos caen más rápido que otros?

RESUMEN DEL EXPERIMENTO

En este experimento, vas a probar varios objetos para ver qué características determinan lo rápido que caen. Vas a tomar objetos pesados y ligeros, grandes y pequeños, sólidos y huecos, y los vas a dejar caer. Entonces serás capaz de determinar científicamente qué determina que un objeto caiga más rápido que otro.

CONCEPTO DE CIENCIA

Hace mucho tiempo, la gente por lo general creía que mientras más pesado fuera algo, más rápido caería a través de aire. La persona más famosa que creyó esto se llamaba Aristóteles. Hoy en día, contamos con muchos ejemplos que confirman esta afirmación. Por ejemplo, si estuvieras en un helicóptero y dejaras caer una pelota de Ping-Pong y otra de bolos al mismo tiempo, la pelota de bolos llegaría primero a tierra. Pero como las pelotas de Ping-Pong y las de bolos no son del mismo tamaño, prueba con otra cosa. Deja caer una pelota de Ping-Pong y otra de golf, y la de Ping-Pong sigue perdiendo. ¿Y entonces?

En el siglo XVI, un hombre llamado Galileo trató de mostrar que no importa mucho lo que pese un objeto, va a caer a la misma velocidad que otro objeto, siempre que no se tenga en cuenta el aire. Ya has visto unos cuantos experimentos sobre el aire y hay más por venir, pero por ahora, piensa acerca del efecto del aire sobre un objeto que cae.

Cuando corres por la calle o abres la ventana del auto, puedes sentir el viento. Si es muy fuerte, puede dificultar caminar o correr. Ahora imagina que estás cayendo en el aire. Mientras más rápido vas, se siente más viento y es más difícil avanzar. Una persona más pesada no estaría tan afectada como una persona ligera. Esta es la idea de la resistencia del aire, y la explorarás este experimento.

MATERIALES

- 1 objeto que se considera "ligero"— ej. pluma
- 1 objeto que se considera "pesado"— ej. roca
- 1 objeto que se considera "pequeño"— ej. figurita plástica
- 1 objeto que se considera "grande"— ej. pelota de básquetbol
- 1 objeto que se considera "sólido"— ej. pelota de croquet
- 1 objeto que se considera "hueco"— ej. pelota de Wiffle
- 4 otros objetos de tu elección
- 1 hoja de papel
- 1 utensilio de escritura
- Una plataforma o lugar elevado desde donde dejar caer estos objetos (Mientras más alto puedas subir, mejor, pero debes estar seguro de que debajo no hay nada y no pasa nadie. Dejar caer objetos puede ser muy peligroso.)
- Un compañero que te diga qué objeto aterriza primero

PROCEDIMIENTO

Vas a anotar los resultados de cada prueba. Aquí se muestra un ejemplo:

> *Prueba:* Ligero (nombre del objeto, ej. pluma) vs. Pesado (nombre del objeto, ej. roca)
>
> Objeto ligero (pluma): pequeña, blanca, no pesa casi nada, de 3 pulgadas de largo, no es sólida
>
> Objeto pesado (roca): mediana, marrón y negra, pesa como una pelota de béisbol, cerca de 3 pulgadas de diámetro, redonda, sólida
>
> *Ganadora:* La roca

1. En orden, prueba los siguientes pares y anota los resultados:

   Ligero—pesado
   Pequeño—grande
   Sólido—hueco
   Otras parejas de tu colección de objetos

2. Cuando termines las pruebas, mira los resultados y determina los factores que hacen que los objetos caigan más rápido.

PREGUNTAS PARA EL CIENTÍFICO

De toda tu colección, ¿qué objeto cayó más rápido?

¿Qué características de este objeto lo hacen caer más rápido?

¿Qué características no tienen ningún efecto en la rapidez con que cae?

¿Qué objeto cayó más despacio?

¿Qué parejas muestran las diferencias más significativas en la rapidez con que caen los objetos?

¿Qué podrías hacer para eliminar el aire de este experimento de manera que puedas probar la afirmación de Galileo?

CONCLUSIÓN

La forma del objeto es un factor muy importante en lo rápido que cae. Es verdad que el peso también importa; los objetos muy ligeros caen lentamente sin importar la forma que tengan, porque una vez que caen en el aire aminoran la velocidad. Pero mientras más pesado el objeto, más importa su forma. Una prueba sencilla para verificarlo es dejar caer una hoja de papel al mismo tiempo que otra arrugada. Pruébalo y verás cómo influye la forma.

La ciencia moderna nos ha mostrado que si eliminamos el aire, los objetos van a caer a la misma velocidad sin importar el tamaño y la forma. Cuando los astronautas fueron a la luna, dejaron caer una pluma y un martillo para ver cuál caía más rápido. En la luna no hay aire. (Los astronautas usan trajes especiales que los ayudan a respirar.) ¿Puedes adivinar lo que pasó? La pluma y el martillo aterrizaron al mismo tiempo.

CAPÍTULO 4
EL PLANETA TIERRA

VELOCIDAD DEL VIENTO

¿Cuánto te demoras en encontrar 20 palabras ocultas en la palabra ANEMÓMETRO (un aparato para medir la velocidad del viento)? Cada palabra debe tener más de 3 letras.

------------------ ------------------

------------------ ------------------

------------------ ------------------

------------------ ------------------

------------------ ------------------

------------------ ------------------

------------------ ------------------

------------------ ------------------

Para hacerlo más difícil, trata de encontrar 1 palabra de 9 letras, 1 palabra de 8 letras, 5 palabras de 7 letras, 10 palabras de 6 letras, 10 palabras de 5 letras y 10 palabras de 4 letras.

¿Te ha pasado alguna vez que estás acostado en la hierba, sientes el calor del sol a tu alrededor, miras las nubes pasar y te preguntas cómo fue que sucedió todo esto? La Tierra es de muchas maneras un milagro. No se ha descubierto en todo el universo un lugar donde exista la vida. Claro que hay otras estrellas como nuestro sol, y ahora los científicos están descubriendo planetas que orbitan alrededor de esas estrellas. Pero hasta ahora, nadie ha encontrado agua, árboles, hierba ni un clima parecido al de la Tierra.

El planeta Tierra es un hallazgo raro en el universo, y está a nuestro cuidado. Si no lo cuidamos, sus maravillas y bellezas estarán pronto en peligro. Una de las mayores preocupaciones entre la gente que está preocupada por la Tierra es la calidad del aire y del agua. Hay muchas formas de descubrir lo preciosos que son estos recursos.

PALABRAS ÚTILES

LLUVIA ÁCIDA: lluvia que contiene ácidos formados en las nubes. Puede ser peligrosa para las personas, los animales y las cosechas.

HAZLO: LLUVIA ÁCIDA

PREGUNTA

¿Qué es **la lluvia ácida**?

MATERIALES

- Frasco de vidrio vacío
- Agua
- Rojo fenol (disponible en tiendas de productos para piscinas)
- Una pajilla

PROCEDIMIENTO

1. Llena el frasco de la mitad a tres cuartos de agua fresca.

2. Pon aproximadamente 20 gotas de rojo fenol en el agua hasta que se vuelva roja clara. Puedes practicar para ajustar la cantidad que tienes que añadir.

3. Pon la pajilla en el agua y sopla durante 20 segundos para que se formen burbujas en el agua.

4. Chequea el color del agua. Debe ser de un rojo más claro que antes.

5. Vuelve a soplar otros 20 segundos, varias veces más. Dentro de poco, el agua estará clara otra vez.

 ADVERTENCIA: ¡No bebas el agua!

QUÉ SUCEDE

El rojo fenol reacciona con los ácidos para cambiar de color. (Tú ya has aprendido un poco acerca de los ácidos en un capítulo previo). Cuando soplas en el agua, el dióxido de carbono que expulsas (que no es lo mismo que el oxígeno que respiras) reacciona con el agua para formar un ácido muy débil. Mientras más soples, el ácido reacciona más con el fenol rojo y el agua se vuelve clara. Los que hacen limpieza de piscinas usan el fenol rojo para medir la acidez del agua. Esto les dice qué tipo de químicos hay que añadir para mantener la limpieza del agua.

SEGUIMIENTO

¿Qué tiene que ver esto con la lluvia ácida? Al quemar carbón, gasolina u otros combustibles fósiles, ponemos mucho dióxido de carbono en el aire, y éste puede reaccionar con el agua del aire (la lluvia) para formar un ácido. Cuando la lluvia cae al suelo, el ácido se cuela en el agua que bebemos y ésta puede no ser buena para consumir. ¡Es importante ser cuidadosos con los gases que descargamos en el aire!

> ### CURIOSIDADES
>
> El día más lluvioso registrado fue en 1966 en Foc-Foc, isla Reunión, durante el ciclón tropical Denise. En un periodo de 24 horas, cayeron 71.85 pulgadas de lluvia.

El viento sigue un patrón por la superficie de la Tierra, llamado el efecto Coriolis. Este patrón tiende a producir vientos que rotan en dirección contraria a las manecillas del reloj en **el hemisferio** norte y en la dirección de las manecillas del reloj en el hemisferio sur.

PREGUNTA

¿Cómo puedes determinar la velocidad del viento?

RESUMEN DEL EXPERIMENTO

En este experimento vas a construir un **anemómetro** sencillo, un dispositivo que mide la velocidad del viento. Aunque no vas a poder determinar la verdadera velocidad del viento en este proyecto, serás capaz de registrar diferentes velocidades en tu propia escala e identificar qué días son los más ventosos.

CONCEPTO DE CIENCIA

Las brisas soplan constantemente por la superficie de la Tierra, y muy raramente alcanzan el punto en que son peligrosas para las personas. Un anemómetro atrapa el viento en tazas pequeñas, de modo que éstas rotan. Mientras más rápido rotan las tazas, más rápido sopla el viento.

MATERIALES

- Pegamento
- Un carrete de hilo vacío o un pedazo de plastilina
- Bloque de madera pequeño
- Lápiz
- Aguja o clavo fino
- Cronómetro
- Tijeras
- 1 pedazo grande de cartón duro
- Grapadora
- Moldes de papel de aluminio para pastelitos
- 1 pegatina brillante

PROCEDIMIENTO

1. Pega el carrete de hilo al bloque de madera y mete el lápiz dentro de él con la goma hacia arriba.

2. Clava la aguja dentro de la goma.

3. Corta dos tiras de cartón. Deben medir al menos 16 pulgadas de largo y 2 pulgadas de ancho.

4. Corta ranuras en el fondo de cada tira, de manera que puedas enganchar una

en la otra para formar una cruz. Empieza en el medio de la tira (aproximadamente 8 pulgadas a partir de cada extremo) y corta hacia arriba 1 pulgada.

5. Pega o grapa un molde de pastelito a cada brazo de la cruz, asegurándote de que cada molde apunte en la misma dirección. De esta forma cada molde recogerá el viento.

6. Pon la pegatina en uno de los moldes. Asegúrate de que sea claramente visible porque la vas a usar para medir la velocidad del viento.

7. Coloca la cruz sobre la aguja de forma que rote libremente. Si ves que no rota, usa la aguja para hacer un huequito un poco mayor hasta que rote con facilidad.

8. Coloca el anemómetro afuera, en un lugar donde pueda atrapar el viento.

9. En el curso de varios días, anota la velocidad del viento a diferentes horas del día.

Instrucciones para medir la velocidad del viento

Usa un cronómetro o reloj que mida un minuto. Cuenta el número de veces que el molde con la pegatina completa una revolución en un minuto. Usa ese número como la velocidad del viento. Cada vez que registres una nueva medida, compárala con los valores previos.

PREGUNTAS PARA EL CIENTÍFICO

¿Cuál fue la mayor velocidad que anotaste?

¿Qué hora del día fue la más ventosa? ¿Y la más tranquila?

¿Hay lugares cerca de tu casa que son más ventosos que otros? ¿Cómo puedes probar esto?

¿Cómo crees que los meteorólogos miden la verdadera velocidad del viento?[1]

PALABRAS ÚTILES

HEMISFERIO: mitad de la Tierra.

ANEMÓMETRO: un aparato que mide la velocidad del viento.

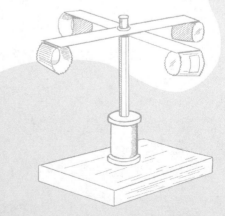

HAZLO: MINIVOLCÁN

PREGUNTA

¿Cómo luce un **volcán** en erupción?

MATERIALES

- Botella plástica pequeña
- Bicarbonato
- Bandeja ancha o de hornear
- Arena o tierra
- ½ taza de vinagre
- Taza de medida con un pico para verter
- Colorante de alimentos rojo

PROCEDIMIENTO

1. Llena la botella hasta un cuarto o la mitad de bicarbonato y ponla en el medio de la bandeja.

2. Pon la arena alrededor de la botella, de forma que puedas ver solo la abertura. Va a lucir como un volcán pequeño.

3. Echa el vinagre en una taza de medida.

4. Pon varias gotas de colorante de alimentos dentro del vinagre y viértelo enseguida dentro de la botella.

QUÉ SUCEDE

Ya has visto el tipo de reacción que ocurre cuando se combinan el bicarbonato y el vinagre. El colorante rojo hace que esta reacción parezca producir lava. En los volcanes, no vas a hallar vinagre, pero sí una mezcla de gases y roca líquida bajo intensa presión. Cuando la presión se eleva mucho, el volcán explota, y todos los gases calientes y las rocas que se han derretido por el calor salen despedidos como cenizas calientes o como lava **fundida**.

PALABRAS ÚTILES

VOLCÁN: cualquier parte de la tierra (especialmente montañas) que explota cuando la presión interior es demasiado alta.

FUNDIDA: derretida.

LA CABEZA EN LAS NUBES

¿Has visto formas de personas o de animales cuando miras a las nubes? Conecta los puntos numerados y después, los puntos con letras para que veas una forma muy conocida flotando en este hermoso cielo. PISTA: Para formar un dibujo mejor en las nubes, conecta los puntos con líneas curvas en lugar de rectas.

HAZLO: CALENTAR LA TIERRA

Desde la tierra de los jardines hasta el núcleo de metal líquido del planeta, la Tierra es un lugar donde cada día ocurren procesos increíbles de los que no tenemos idea. Uno de los procesos más sencillos es cómo la luz del sol calienta nuestro planeta.

PREGUNTA

¿Qué se calienta más rápido: la tierra o el agua?

MATERIALES

- 2 tazas
- Agua
- Tierra
- 2 termómetros

PROCEDIMIENTO

1. Llena una taza con agua y otra con tierra.

2. Coloca ambas tazas en el congelador por 10 minutos.

3. Retira las tazas del congelador y pon un termómetro en cada una. Anota las temperaturas iniciales.

4. Coloca ambas tazas al sol por 15 minutos.

5. Después de 15 minutos, anota ambas temperaturas.

QUÉ SUCEDE

La luz del sol calienta la tierra mucho más rápido que el agua. Por eso, la taza de tierra termina estando más caliente que la de agua. Esto también explica por qué, en un día caliente, una playa arenosa puede ponerse extremadamente caliente mientras que el agua en el lago permanece fresca.

SEGUIMIENTO

Cuando cavas en la arena de la playa, ¿sientes la arena caliente hasta el fondo o solo en la superficie?[2] Algunos animales cavan en la tierra para hallar lugares frescos donde hacer sus nidos. ¿Puedes mencionar animales que hagan esto?

¿ARRIBA O ABAJO?

¿Cómo puedes recordar la diferencia entre una estalactita y una estalagmita? Usa palabras de la lista para terminar la "expresión científica" y nunca olvidarás cuál es cuál.

Lista de palabras	
miran	estalactitas
tiran	estalagmitas

Las _____

_____ hacia abajo.

Las _____

_____ hacia arriba.

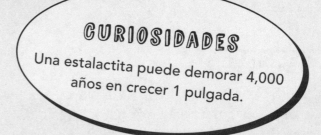

PREGUNTA

¿Cómo crecen los carámbanos?

RESUMEN DEL EXPERIMENTO

En este experimento, explorarás la formación de carámbanos construyendo **estalactitas** y **estalagmitas** (torres de minerales duros como rocas que se encuentran con frecuencia en cuevas en las profundidades de la tierra). Sorprendentemente, el proceso por el que se forman es muy similar al que siguen los carámbanos. Vas a usar un producto que se encuentra en las farmacias llamado sales de Epsom y verás crecer los "carámbanos" delante de tus ojos.

CONCEPTO DE CIENCIA

Los carámbanos se pueden formar sólo bajo condiciones especiales. El agua debe estar lo suficientemente fría como para congelarse, pero el hielo también debe poder derretirse y gotear. Es por eso que los carámbanos suelen hallarse a lo largo del borde de los techos. El calor de la casa puede hacer que la nieve del techo se derrita y gotee por el borde de la casa. A medida que gotea, una parte del agua se congela. Luego, otras gotas siguen cayendo sobre las gotas congeladas y se congelan al llegar a la punta. De esta manera, el carámbano crece gota a gota.

CURIOSIDADES

Una estalactita puede demorar 4,000 años en crecer 1 pulgada.

En las cuevas, las estalactitas y las estalagmitas crecen de la misma manera. La única diferencia es que el agua que gotea no se congela. Lo que sucede es que cada gota de agua arrastra una cantidad diminuta de calcita, que se endurece al final de la estalactita. Poco a poco, se acumula y endurece calcita suficiente para formar una estalactita. Las estalagmitas se forman cuando la calcita cae al suelo y gradualmente se va acumulando. Después de un largo tiempo, las estalactitas que crecen desde el techo se encuentran con las estalagmitas que crecen del suelo hasta unirse y formar una **columna**.

MATERIALES

- Vaso grande que puedes usar para mezclar
- Agua
- Cuchara pequeña
- Caja de sales de Epsom (disponibles en la farmacia)
- 2 vasos pequeños

- Papel encerado
- Cordel grueso o un pedazo de tela que absorba el agua con facilidad

PROCEDIMIENTO

1. Llena el vaso grande de agua y pon sales de Epsom hasta que ya no se disuelva más (quedará un resto de sal que no se disolverá).

2. Llena cada vaso pequeño con la mitad de la solución que preparaste y ponlos sobre un pedazo de papel encerado.

3. Pon un extremo del cordel en cada vaso y deja la parte media del cordel colgando entre los dos vasos.

4. Observa la estalactita y la estalagmita crecer día a día.

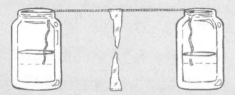

PREGUNTAS PARA EL CIENTÍFICO

¿Cuál de tus conos es la estalactita y cuál es la estalagmita?

¿Cuán rápido creció la estalactita (cuántas pulgadas al día)?

¿El proceso se aceleró en algún momento del experimento?

Si vives en un lugar frío, ¿cómo crees que se forman los carámbanos?

¿Cómo puedes evitar que se formen carámbanos en tu casa?

SEGUIMIENTO

¿Crees que este experimento funcionaría con otras sustancias? Prueba con bicarbonato, sal de mesa, azúcar, etc. Considerando el hecho de que las sales de Epsom se encuentran en las farmacias, ¿puedes averiguar para qué más se usan?[3]

PALABRAS ÚTILES

ESTALACTITA: un pedazo fino y largo de mineral (como roca) que cuelga, y que se forma en las cuevas con frecuencia durante largos periodos de tiempo.

ESTALAGMITA: un pedazo fino y largo de mineral que crece desde el suelo durante largos periodos de tiempo. (Es similar a la estalactita.)

COLUMNA: lo que se forma cuando una estalactita se encuentra con una estalagmita y ambas crecen juntas.

EL CIELO SOBRE NOSOTROS

Si alguna vez has mirado el cielo en una noche clara, habrás visto más estrellas de las que puedes contar. Te llevas una idea de lo grande que es el universo y te puede hacer sentir que la Tierra es muy pequeña. Observar el cielo es una de las actividades más antiguas de la humanidad. Casi todas las civilizaciones antiguas tenían sus propios mitos sobre el significado de las estrellas. El paso de días, meses y años ha sido marcado desde siempre por la salida y la puesta del sol, las fases de la luna y el cambio de estaciones.

El cielo es azul y las puestas del sol son rojas por la manera en que el aire descompone la luz del sol en colores. Ese hecho es ya de por sí fascinante. Pero para muchos de nosotros, es difícil imaginar que el aire esté hecho de algo material. No puedes verlo, ni saborearlo, y solo lo puedes sentir cuando se mueve. Puedes llegar a cuestionarte si el aire existe realmente, como dice la gente.

HAZLO: ESPACIO DE AIRE

PREGUNTA

¿El aire ocupa espacio?

MATERIALES

- Globo (mínimo de 9 pulgadas)
- Botella de vidrio de boca pequeña
- Olla de agua hirviendo
- Olla de agua helada
- Embudo
- Cinta de enmascarar
- Agua

PROCEDIMIENTO

1. Coloca la boca del globo sobre la boca de la botella. Debe quedar colgando a un lado de la botella.

2. Asegúrate de que el globo selle bien la boca de la botella y pon ésta en la olla de agua hirviendo. No te pares muy cerca del agua hirviendo. Observa los cambios en el globo.

3. Aparta la botella del agua caliente, quita el globo, y vuélvelo a poner en la boca de la botella. La botella contiene ahora aire caliente.

4. Coloca la botella en la olla de agua helada y observa los cambios en el globo.

5. Quita la botella del agua y déjala 10 minutos a temperatura ambiente.

6. Quita el globo de la boca de la botella.

7. Coloca el embudo en la boca de la botella y pon cinta alrededor de forma que no se escape el aire.

8. Vierte agua en el embudo y observa lo que sucede.

QUÉ SUCEDE

¡Definitivamente, el aire toma espacio! Cuando pusiste el globo en la botella la primera vez, "capturaste" el aire que estaba en la botella. No infló el globo porque el aire cabía bien dentro de la botella. Cuando la calentaste, sin embargo, el aire se expandió y tomó más espacio. El único lugar al que podía ir era al globo, así que este se infló. Cuando quitaste la botella del agua caliente y la pusiste en el agua helada, el aire se comprimió. No solo no infló el globo, sino que lo haló hacia dentro de la botella. Cuando devolviste la botella a su temperatura original, el globo debe haber vuelto a su tamaño, forma y posición inicial.

El experimento del embudo muestra que el aire ocupa espacio y puede comprimirse con facilidad. Cuando sellas la boca de la botella, el aire no tiene adónde irse. Así que cuando viertes agua en el embudo, esta no es suficientemente pesada para comprimir el aire en la botella y se queda en el embudo, aparentemente desafiando la gravedad.

SEGUIMIENTO

¿Puedes pensar en otros ejemplos en que el aire se expande o se contrae?[4]

PREGUNTA

¿Cómo puedes usar el sol para saber la hora?

RESUMEN DEL EXPERIMENTO

En este experimento, vas a construir tu propio **reloj de sol**. Con él, puedes saber la hora de la manera en que lo hacían las civilizaciones antiguas. A medida que el sol sale y se pone, proyecta sombras de diferentes longitudes y ángulos. Vas a usar la posición de la sombra que proyecta el sol para decir exactamente qué hora es.

CONCEPTO DE CIENCIA

El sol no se mueve alrededor de la Tierra; solo parece que lo hace. En vez de eso, la Tierra rota sobre su eje, de modo que en un momento determinado, la mitad de la gente de la Tierra puede ver el sol y la otra mitad no. Es por eso que tenemos día y noche. Lo que hace un reloj de sol es marcar la posición de la sombra que el sol proyecta, y usa esa posición para determinar la hora del día. Tienes que saber algunas cosas para que tu reloj de sol funcione. Por ejemplo, tienes que saber dónde está el norte verdadero, y tienes que saber dónde estará la sombra del sol a determinadas horas del día. Una vez que hayas instalado tu reloj de sol, ¡verás que es bastante preciso!

PALABRAS ÚTILES

RELOJ DE SOL: un aparato antiguo para medir el tiempo.

MATERIALES

- Plato de papel resistente
- Lápiz nuevo, sin afilar
- Plastilina
- Brújula
- Marcador

PROCEDIMIENTO

1. Abre un hueco en medio del plato de papel para que quepa el lápiz.

2. Mete el lápiz por el hueco y asegúrate de que el fondo del plato mire hacia arriba.

3. Clava el extremo del lápiz en un trozo de plastilina que vas a poner debajo del plato para anclarlo.

4. Usa la brújula para localizar el norte verdadero y coloca el reloj de sol en un espacio abierto con el lápiz apuntando ligeramente hacia el norte. (Este método funciona para los que viven en el hemisferio norte. Si vives en el hemisferio sur, vas a apuntar el lápiz hacia el sur.)

5. A las 8:00 de la mañana, marca en el reloj de sol la posición de la sombra del lápiz. Escribe "8:00 A.M." Repite este paso cada 2 horas hasta que se ponga el sol. ¡Tu reloj de sol está listo!

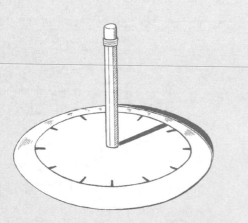

PREGUNTAS PARA EL CIENTÍFICO

¿Las marcas están separadas por espacios regulares?

¿Crees que importa en qué época del año construyes o usas el reloj de sol? ¿Qué sucede cuando los días se alargan o se acortan?

¿A qué hora del día la sombra del sol apunta al norte verdadero? ¿Es así en todo el año?

SEGUIMIENTO

Investiga sobre las civilizaciones que han usado relojes de sol y piensa en estas preguntas:

¿Qué variaciones construyeron?

¿Algunos eran como el tuyo?

¿Por qué crees que dejamos de usar relojes de sol?

   Busca relojes de sol en tu ciudad. Si hubiera, revisa la precisión.

HAZLO:
LAS ESTACIONES Y EL SOL

Otra forma de medir el tiempo es marcar el cambio de las estaciones. Del calor del verano a los frescos días del otoño, de las nieves del invierno a los primeros retoños de la primavera, las estaciones nos muestran que el tiempo pasa y que estamos dando vueltas alrededor del sol. Es un viaje que dura un año entero. Mucha gente cree que hay calor en el verano y frío en el invierno porque la Tierra está más cerca del sol en el verano que en el invierno. Sin embargo, esa no es la razón.

PREGUNTA

¿Por qué tenemos estaciones?

MATERIALES

- Marcador
- Pelota mediana o grande de Styrofoam, disponible en tiendas de manualidades
- Lámpara de escritorio sin pantalla
- Lápiz o aguja de tejer larga

CURIOSIDADES

La Tierra está más alejada del sol en el verano (94.6 millones de millas en junio) que en invierno (91.4 millones de millas en diciembre).

PROCEDIMIENTO

1. Marca la parte superior e inferior de la pelota con las letras N (arriba) y S (abajo). Estas marcas indican los polos: Norte y Sur.

2. Dibuja un círculo alrededor de la mitad de la pelota para indicar el ecuador de la Tierra.

3. Coloca la lámpara en medio del cuarto.

4. Haz un hueco con el lápiz a través de las marcas N y S en la pelota e inclina la parte de arriba de la pelota ligeramente hacia la lámpara.

5. Enciende la luz y fíjate en qué partes de la pelota están iluminadas. Esto representa el inicio del verano en el hemisferio norte (posición I).

6. Fíjate hacia qué pared del cuarto está inclinada la pelota. Debes mantener la pelota inclinada hacia la misma pared durante todo el experimento. Muévete a

PALABRAS ÚTILES

INCLINACIÓN DE LA TIERRA: el ángulo que el Polo Norte y el Polo Sur forman con una línea vertical.

un lugar a 90° de tu posición inicial (posición II). De nuevo, fíjate en qué partes de la pelota están iluminadas. Esto representa el primer día de otoño en el hemisferio norte.

7. Ahora, muévete otros 90° alrededor de la lámpara y fíjate en qué partes de la pelota están iluminadas (posición III). Este es el inicio del invierno en el hemisferio norte.

8. Finalmente, muévete otros 90° alrededor de la lámpara y fíjate en qué partes de la pelota están iluminadas (posición IV). Este es el primer día de la primavera en el hemisferio norte.

QUÉ SUCEDE

Tenemos estaciones con días más cortos o más largos no porque la Tierra esté más cerca del sol, sino por **la inclinación de la Tierra**. Cuando el norte está inclinado hacia el sol, en el hemisferio norte hay verano. Los días son más largos y más cálidos y puedes ver este efecto si rotas la pelota y te fijas cuánto tiempo permanecen iluminadas las partes del norte. En el hemisferio sur, sin embargo, llega poco sol a la pelota. Los días son más cortos y fríos, y es invierno. Seis meses después (posición III), el norte tiene invierno y el sur verano. Puedes ver como la inclinación de la Tierra le da más luz al sur y cómo el norte recibe poca luz. En primavera y otoño, los días son del mismo tamaño en toda la Tierra. Puedes ver esto en las posiciones II y IV.

CIENTÍFICOS ASTUTOS

Dos científicos quieren encontrarse en secreto para discutir un nuevo experimento con energía solar. Usa el reloj de sol para decodificar el mensaje que un científico le envía al otro. Escribe el mensaje secreto en las líneas que aparecen debajo.

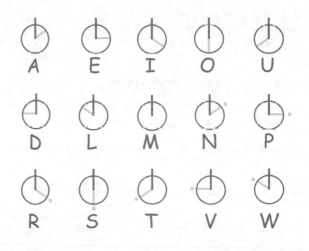

Si miras al cielo, verás miles de estrellas. Algunas parecen estar conectadas con otras, como formando una figura particular. De hecho, las civilizaciones antiguas creían que las figuras que formaban las estrellas querían decir algo, e inventaban historias acerca de esas figuras. Esas figuras se llaman **constelaciones**. ¿Puedes averiguar cuáles son las más comunes?[5]

PREGUNTA

¿Por qué vemos sólo una parte de la luna?

CURIOSIDADES

La luna luce de color rojo durante un eclipse lunar debido a que la luz del sol pasa por la atmósfera de la Tierra y se desvía hacia la luna, creando el efecto de una "puesta de sol" durante el eclipse.

RESUMEN DEL EXPERIMENTO

En este experimento, vas a hacer un modelo del sol, la luna y la Tierra y anotar las **fases de la luna** con dibujos y una actividad.

CONCEPTO DE CIENCIA

Sorprendentemente, la misma mitad de la luna da la cara a la Tierra. Nunca podemos ver la "cara oscura de la luna", excepto desde una nave espacial. La única razón por la que vemos la luna es porque la luz del sol se refleja en su superficie y de ahí viene a nuestros ojos.

Mientras la luna orbita la Tierra (un viaje demora aproximadamente 29 días), la mitad de ella está de cara al sol. Sin embargo, ¡no es siempre la misma mitad! Así que mientras que la luna viaja alrededor de la Tierra, vemos de 0 por ciento a 100 por ciento de ese lado. Estos porcentajes se llaman fases de la luna.

Formalmente, a las fases se les llama luna nueva (no la vemos), cuarto creciente (vemos la mitad derecha), luna llena (le vemos toda la cara) y cuarto menguante (vemos la mitad izquierda). De vez en cuando, durante su fase "nueva", la luna cruza la línea entre el sol y la Tierra y experimentamos un eclipse solar. Los eclipses lunares no son tan raros como los solares. Los eclipses lunares ocurren durante la fase "llena" de la luna, cuando la Tierra pasa entre el sol y la luna arrojando una sombra sobre la luna.

MATERIALES

- Periódico del día
- Plato de papel
- Marcador
- Lámpara de escritorio bien brillante, sin pantalla
- Pelota pequeña, un poco mayor que tu mano
- Hoja de papel en blanco
- Tiempo (Este experimento llevará un mes completo, pero solo requiere de unos minutos diarios.)

PROCEDIMIENTO

1. Busca la fecha de la luna nueva en el periódico. Empieza el experimento ese día.

2. En el plato de papel, haz marcas alrededor del borde exterior que representen los 28 días. Dibuja líneas que dividan el plato en cuartos y haz siete marcas dentro de cada cuarto del círculo. La usarás como guía para localizar la pelota cuando empieces el experimento. Empieza en 0/28 y sigue numerando en dirección contraria a las manecillas del reloj.

3. Coloca la lámpara en un lado del cuarto contra la pared. Asegúrate de que este es un sitio en el puedas mantener la lámpara con facilidad o ponerla cada día para tu experimento.

4. Apaga la luz del cuarto y enciende la lámpara.

5. Pon el plato en el suelo en medio del cuarto y párate sobre él. Apunta hacia la lámpara la marca que dice Día 0/28.

PALABRAS ÚTILES

CONSTELACIÓN: cualquier arreglo de estrellas en el cielo en un patrón o forma familiar.

FASES DE LA LUNA: las diferentes porciones de la luna que vemos durante su órbita alrededor de la Tierra.

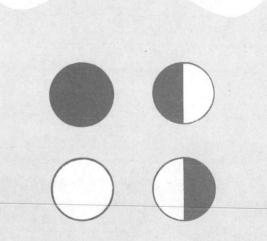

6. Ponte de cara al día que estés anotando (empieza en el Día 0 y cuenta hasta 28 días) y sostén la pelota en la mano con el brazo extendido.

7. Fíjate bien en la iluminación de la pelota. Para el Día 0, no debe estar iluminada, ya que se corresponde con la luna nueva.

8. Anota la iluminación de la pelota en una hoja de papel, de forma que registres las fases de la luna en el curso de 1 mes.

9. Repite cada paso cada día por 28 días. Cuando termines, debes tener 29 dibujos (Día 0 a Día 28) que muestren las fases de la luna.

10. Periódicamente, chequea los resultados por la noche con los de la luna real.

PREGUNTAS PARA EL CIENTÍFICO

¿Tus dibujos se corresponden con las fases reales de la luna?

¿Qué efecto tuvo en la precisión de tus datos el hecho de que la órbita de la luna es realmente un poquito más larga que 28 días?

¿Qué te indica acerca de la órbita de la luna el hecho de que los eclipses solares y lunares sean raros? Piensa en cómo luciría esto en tu experimento.

SEGUIMIENTO

Investiga la historia de los intentos de la humanidad de llegar a la luna. ¿Qué objetos han dejado en la luna los que la visitaron? Para echar una mirada a un intento fallido de llegar a la luna, que casi les costó la vida a tres astronautas, alquila la película *Apollo 13*.

CURIOSIDADES
Hay 88 constelaciones reconocidas por los astrónomos.

GRAN ACERTIJO CIENTÍFICO

Cuando termines, copia cada letra de las casillas numeradas en las casillas que aparecen al pie de la página. ¡Tendrás la respuesta al acertijo!

Una mezcla de dos o más líquidos.

Cuando calientas aire en una botella, puedes _____ un globo.

Una _____ apunta al norte magnético.

El sol nos da _____ en forma de luz y calor.

Una placa de _____ es una foto que muestra el interior de tu cuerpo.

Los barómetros son instrumentos que miden la _____ del aire.

Albert _____ es un científico cuyas teorías y experimentos condujeron a nuevas maneras de pensar acerca del tiempo, el espacio, la materia, la energía y la gravedad.

Una de las Leyes del Movimiento dice que toda acción tiene una _____ igual, pero opuesta.

Un astrónomo es un científico que usa un _____ para mirar las estrellas y los planetas.

Las _____ miran hacia arriba.

¿Qué es lo más divertido que hace un científico?

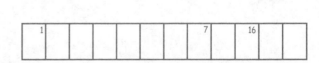

CIENCIAS DE LA TIERRA

RÍOS

Piensa en la última vez que te fijaste bien en un río. ¿Era recto o se doblaba y curvaba, e incluso serpenteaba a través de una ciudad? Mientras más mires a los ríos, más te preguntarás por qué no corren rectos. Empiezan en las montañas y llegan al mar. Parece una trayectoria sencilla, un camino que deben haber forjado al principio de sus existencias y del cual no tienen que desviarse nunca. Sin embargo, las trayectorias de los ríos han sorprendido e intrigado a la gente por miles de años. Cuando a una zona llega la época de las inundaciones, el curso del río se convierte en un tema de discusión constante. ¡Es como si el río tuviera mente propia!

PREGUNTA

¿Por qué los ríos no son rectos?

RESUMEN DEL EXPERIMENTO

En este experimento, primero tendrás que construir una montaña. Para hacerlo, vas a necesitar algunos materiales y un espacio bien abierto para que el agua fluya. También vas a necesitar mucha agua, así que planéalo bien. Puedes escoger entre dos opciones para la "lluvia": constante u ocasional. Cada patrón resultará en diferentes clases de ríos, así que puedes probar con los dos.

CONCEPTO DE CIENCIA

Cuando el agua corre montaña abajo, encuentra el camino más rápido hacia abajo, incluso si la trayectoria no es recta. Los árboles, las rocas y las colinas cambian la dirección y la velocidad de las corrientes. Cuando el agua se mueve lentamente, tiende a socavar sus márgenes (las orillas), y a veces recorta una orilla, lo cual hace que el río se ensanche en ese punto. Cada vez que el río cambia, la corriente cambia y eso causa más variación en la trayectoria del río. Con el tiempo, un río puede forjar todo tipo de trayectorias interesantes hasta el mar. Pero eso no es todo. Cuando se forma un nuevo tramo del río, la corriente arrastra rocas y tierra hacia abajo. Donde estos materiales se asientan, el río se vuelve menos hondo. Es por eso que las bocas de los ríos, especialmente donde desembocan en el océano, tienden a ser muy anchas, abiertas y planas, y allí el agua se mueve con lentitud hacia el océano.

MATERIALES

- Una gran montaña de rocas, tierra, arena, lodo, etc. de, al menos, 3 pies de alto
- Un lugar abierto donde los ríos puedan correr y depositar el lodo que acumulan a medida que bajan por la montaña
- Mucha agua suministrada con manguera, aspersor o regadera
- Cámara

PROCEDIMIENTO

1. Asegúrate de que la montaña no sea muy pareja. Debe tener obstáculos que hagan que el agua corra por trayectorias interesantes.

2. Predice dónde se formarán los ríos.

3. Elige un método de suministrar agua:

   Lluvia constante: Usa un aspersor encima de la montaña o muy cerca de la cima para producir una lluvia constante durante todo el experimento. Un asistente puede sostener una manguera o rociar agua encima de la montaña. Tienes que experimentar antes para ver qué funciona mejor.

   Lluvia ocasional: Usa una regadera, una jarra de agua o un corto intervalo de lluvia de una manguera. Si eliges este método, tendrás que regresar cada hora a añadir más agua. Esto le permite a la montaña absorber algo del agua, lo cual resultará en varios ríos diferentes.

4. Empieza a regar la montaña.

5. Si estás usando una lluvia constante, toma una foto antes de empezar, y luego toma una foto cada 5 o 10 minutos hasta que los ríos dejen de cambiar su curso. Tu objetivo es observar los cambios en la montaña a medida que pase el tiempo. Es mejor tener demasiadas fotos que unas pocas.

   Si escoges el método de la lluvia ocasional, toma una foto antes de empezar y otra cuando haces caer agua. Aplica el agua tanto como hayas determinado y deja la montaña tranquila hasta la próxima sesión. Repite el suministro de agua hasta que los ríos dejen de cambiar de curso. Es muy probable que este método se demore más que el otro, pero debe dar una descripción más precisa del efecto de la lluvia real.

6. Mantén un récord de tu método y de las fotos que tomaste.

7. Cuando reveles las fotos, tendrás un récord del progreso de los ríos que produjiste. Si ves que las fotos no muestran cambios suficientes, usa una foto sí y otra no.

PREGUNTAS PARA EL CIENTÍFICO

¿Se formaron los ríos en los lugares que predijiste?

¿Cuánto material se arrastró de la montaña a las áreas que la rodeaban?

¿Viste ríos pequeños unirse y formar ríos grandes?

¿Hubo un río que cambió su curso más que los demás? Si fue así, ¿qué características tenía ese río que lo hizo cambiar tanto?

CONCLUSIÓN

Cada vez que repitas el experimento, tendrás un resultado diferente. ¡Eso es parte de la diversión de la ciencia! Ahora que has producido tus propios ríos, trata de visitar un río local e identifica los lugares donde se desvía, donde se mueve más rápido o más lento y cualquier obstáculo que pueda afectar el flujo del agua. También, mira a ver si puedes rastrear la fuente del río; aunque es posible que se encuentre a muchas millas montaña arriba.

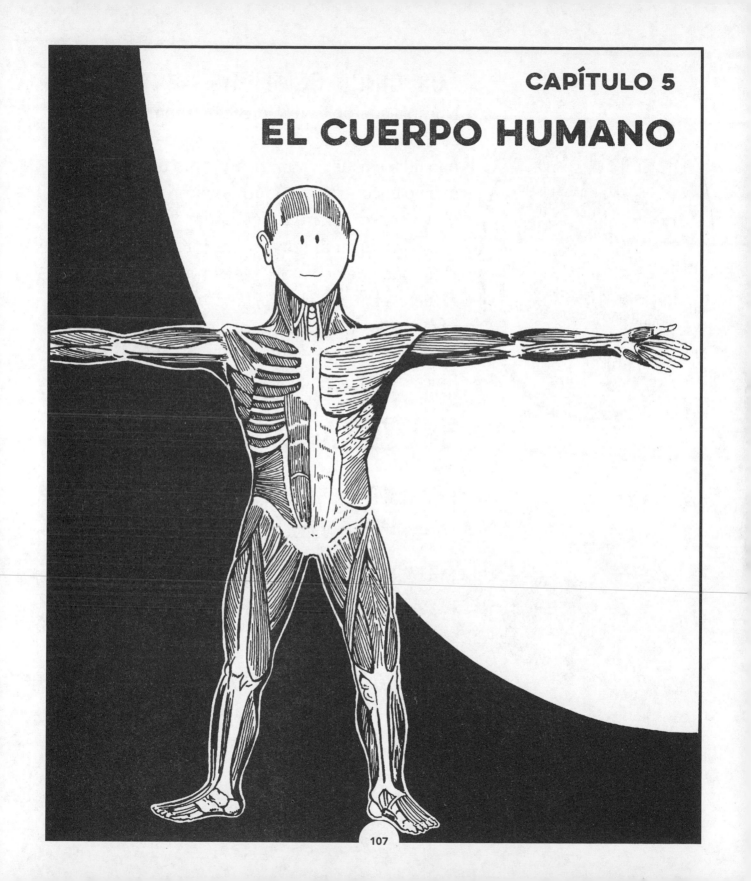

EL CUERPO HUMANO

LOS CINCO SENTIDOS

Nuestro cuerpo es una creación asombrosa. En este capítulo, descubrirás algunas de sus muchas habilidades que lo cualifican como una máquina que no encontrarás en ninguna otra parte del universo. Por ahora, sin embargo, vamos a enfocarnos en las maneras en que interactuamos con el mundo que nos rodea. Tenemos cinco sentidos: el tacto, el gusto, el oído, la vista y el olfato. Cada uno de ellos nos permite comprender el mundo de forma diferente y nos da una perspectiva única de lo que encontramos cada día.

HAZLO: CALIENTE Y FRÍO

PREGUNTA

¿Qué nos hace sentir frío y calor?

MATERIALES

- 3 boles de agua: 1 tibio, 1 frío y 1 a temperatura ambiente

PROCEDIMIENTO

1. Ordena los boles de agua de frente, de izquierda a derecha, de la siguiente manera: tibia, temperatura ambiente, fría.

2. Coloca la mano izquierda en el bol de agua tibia y la mano derecha en el de agua fría por 30 segundos.

3. Quita las manos del agua y pon ambas en el bol del medio (temperatura ambiente).

QUÉ SUCEDE

Caliente y frío son solo modos de comparar lo que estamos acostumbrados a sentir con lo que sentimos en otro momento. La mano izquierda estaba acostumbrada al agua tibia, así que cuando la pusiste en el bol con agua a temperatura ambiente, la sintió fría. Por otro lado, tu mano derecha estaba acostumbrada al agua fría, así que cuando pusiste la mano en el bol de agua a temperatura ambiente, la sintió tibia. Colocaste las dos manos en la misma agua, pero como estaban acostumbradas a temperaturas diferentes, una la sintió fría y la otra la sintió tibia.

SEGUIMIENTO

La próxima vez que te bañes o te duches, piensa en cómo sientes el aire del baño cuando sales. Pídele a alguien que esté seco que te diga cómo siente el aire y mira a ver si puedes explicar por qué percibes el aire de manera diferente. Otro lugar donde puedes experimentar es la piscina. Trata de explicar cuán tibio o frío sientes el aire o el agua cuando estás seco y cuando estás mojado. El calor fluye naturalmente de los objetos calientes a los fríos y, como resultado, nos hace sentir tibios o fríos.

CIENCIA EN LÍNEA

Para ver más actividades divertidas con los cinco sentidos, lee Neuroscience for Kids. Visita el sitio *http://faculty.washington.edu/chudler/chsense.html*.

CURIOSIDADES

Los insectos usan las antenas para cuatro de sus sentidos: tacto, olfato, gusto y oído.

HAZLO: MEDICINA SIN SABOR

PREGUNTA

¿Por qué no siento el sabor de la medicina cuando me tapo la nariz?

MATERIALES

- Venda para los ojos
- Tapones para la nariz
- Pedazos de manzana, papa, cebolla y jícama del mismo tamaño
- Asistente

PROCEDIMIENTO

1. Colócate la venda sobre los ojos y tápate la nariz.

2. Haz que tu asistente te coloque en la boca uno de los alimentos y trata de adivinar qué es basándote en cómo sabe.

QUÉ SUCEDE

Tu sentido del olfato es un factor importante en el sabor de la comida. Cuando tienes la nariz tapada, pierdes la capacidad normal de saborear. Probablemente, solo podrás detectar la diferencia de textura entre los alimentos, pero no la de sabor. Cuando te destapes la nariz, todos los sabores deben regresar, aunque los más fuertes dominen a los otros.

Cita genial

El olfato es un mago poderoso que nos transporta a miles de millas y por todos los años que hemos vivido.

—HELEN KELLER

SEGUIMIENTO

¿Alguna vez has tenido un catarro muy malo? Si es así, recordarás que la comida no tenía mucho sabor. Cuando tienes la nariz tapada, pierdes el sentido del gusto. ¡En cuanto se te cura el catarro, eres capaz de volver a sentir el sabor de los alimentos!

¿QUÉ PASA?

¿Puedes usar los dibujos como pistas? Cuando pienses en una palabra que vaya con cada dibujo, colócala vertical u horizontalmente. Después, necesitas añadir algunas letras en las partes sombreadas. Cuando termines, tendrás el nombre de un grupo importante de funciones corporales. Te hemos dado las O para que te ayuden a completar el acertijo.

PREGUNTA

¿Cómo puedes probar sabores diferentes?

RESUMEN DEL EXPERIMENTO

En este experimento vas a colocar varios alimentos en diferentes lugares de la lengua para determinar qué **papilas gustativas** pueden distinguir cada tipo de sabor. Vas a probar dulce, ácido, amargo y salado.

CONCEPTO DE CIENCIA

En nuestra lengua hay miles de diminutas papilas gustativas. Cada una reacciona a un determinado tipo de sabor. Las papilas gustativas que responden al mismo sabor están agrupadas en ciertos lugares de la lengua. Por tanto, siempre vas a saborear los alimentos salados en unos lugares, los dulces, en otros lugares, y los ácidos y amargos, en otros lugares diferentes, sin importar qué alimentos estés comiendo.

MATERIALES

- Palillos de algodón
- Boles pequeños con:
  - Jugo de limón
  - Agua
  - Azúcar
  - Sal de mesa
  - Café instantáneo
- Marcador
- Un diagrama de la lengua

PALABRAS ÚTILES

PAPILAS GUSTATIVAS: órganos pequeños que están por toda la lengua y que interpretan y recogen los sabores que hay en alimentos y líquidos.

PROCEDIMIENTO

1. Mete un palillo de algodón en el jugo de limón y pásatelo por toda la boca.

2. Marca en el diagrama en qué parte de la lengua sientes el sabor ácido.

3. Mete un segundo palillo de algodón en el agua y luego en el azúcar. Pásatelo por toda boca de forma que puedas determinar en qué parte de la lengua sientes el sabor dulce.

4. Repite el mismo procedimiento con la sal y el café instantáneo (sabor amargo).

5. Anota en el diagrama los sitios donde sientes cada sabor.

6. Revisa tu dibujo para asegurarte de que has cubierto cada parte de la lengua. Si falta una, repite el experimento para encontrar el sabor que esa parte de la lengua detecta.

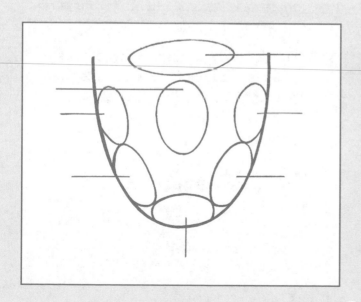

CURIOSIDADES

Un humano típico tiene cerca de 116 papilas gustativas por centímetro cuadrado en la punta de la lengua, comparadas con un promedio de 25 papilas gustativas por centímetro cuadrado cerca de la parte de atrás de la lengua.

PREGUNTAS PARA EL CIENTÍFICO

¿Qué partes de la lengua responden a lo ácido?

¿Qué partes de la lengua responden a lo dulce?

¿Qué partes de la lengua responden a lo salado?

¿Qué partes de la lengua responden a lo amargo?

¿El diagrama de la lengua explica la localización de lugares sensibles después de comer mucha azúcar?

SEGUIMIENTO

Prueba otros alimentos que sepas que están en una de estas cuatro categorías. Cuando los comas, trata de ver si los saboreas en la parte de la lengua que marcaste en este experimento. Prueba a taparte la nariz y probar estos cuatro sabores. ¿La nariz afecta la habilidad de reconocer los sabores?[1]

HAZLO:
TURQUESA, NEGRO Y AMARILLO

¿Alguna vez has mirado una foto de colores brillantes y, cuando cambias la mirada, ves más colores, pero diferentes de los que hay en la foto? Si es así, has experimentado otro efecto de las imágenes retinianas. Aprendiste un poco acerca de esto antes, pero hay algo más. Tus ojos tienen la habilidad, no solo de "ver" dos imágenes al mismo tiempo, como descubriste en el experimento del "Pájaro enjaulado", sino que también pueden bloquear ciertos colores y evitar que los veas.

PREGUNTA

¿Qué colores ves en una imagen retiniana?

MATERIALES

- Varias hojas de papel
- Marcadores, incluyendo el azul, el rojo, el verde, el negro, el amarillo y el turquesa
- Imagen a color de la bandera de los Estados Unidos

PROCEDIMIENTO

1. Dibuja círculos grandes en las primeras tres hojas de papel. En la hoja uno, colorea el círculo de rojo. En la hoja dos, de azul, y en la hoja tres, de verde.

2. En orden, enfoca los ojos en cada uno de los círculos (uno a la vez) por 30 segundos.

3. Después de enfocarlos, mira a una hoja en blanco o sencillamente, cierra los ojos. Describe los colores que ves.

4. Luego, enfoca los ojos otra vez en la bandera por 30 segundos.

5. Mira a otro lugar y describe los nuevos colores de la bandera que ves como imagen retiniana.

6. Trata de dibujar la imagen retiniana de la bandera. Haz las franjas negras y turquesas, mientras que las estrellas deben ser negras también, pero sobre fondo amarillo. Usa como guía la imagen original de la bandera.

7. Cuando hayas terminado, enfócate bien en la bandera que dibujaste y luego, mira hacia otro lugar. ¿Ves los colores de la bandera original?

PALABRAS ÚTILES

COLOR COMPLEMENTARIO: un color que es el opuesto de otro color.

QUÉ SUCEDE

Tus ojos usan conos para detectar los colores. Cuando enfocas los ojos en un determinado color, como verde, tus conos trabajan muy duro para ayudar a ver que el color. Luego, cuando miras hacia otro lugar, los conos para ese color se relajan y, temporalmente, no funcionan muy bien. Por lo tanto, ves todos los colores, excepto el original. El término para lo que ves es **color complementario**. ¿Puedes decir qué colores ves como imagen retiniana del rojo, el verde y el azul?[2]

Cuando miras la bandera, tus conos se enfocan en el rojo, el blanco y el azul. Cuando relajas los ojos mirando hacia otro lugar, la imagen retiniana que ves es la de los colores complementarios del rojo, el blanco y el azul. Esos colores son el turquesa, el negro y el amarillo.

SEGUIMIENTO

Determina cuál es tu ojo dominante. Haz la prueba siguiente:

- Llévate un tubo a los ojos. ¿Qué ojo cierras y cuál usas para mirar por el tubo?
- Toma una foto. ¿Qué ojo usas para enfocar por la mirilla?
- Forma un círculo con el pulgar y el índice. Mira por el círculo a un objeto distante. Lentamente, acerca el círculo a tus ojos hasta que estés mirando por un solo ojo. ¿Cuál es?

¡NO PUEDO DAR CRÉDITO A MIS OJOS!

¿Crees que tus ojos ven las cosas de una sola manera? ¡No! Las ilusiones ópticas son un tipo de acertijo diseñado para engañar a tus ojos (y a tu cerebro). A ver si puedes diferenciar entre ilusión y realidad en los acertijos siguientes.

¿Ves un 13 o una B en el centro de la figura que aparece encima?

¿Qué ves dónde se cruzan las líneas blancas?

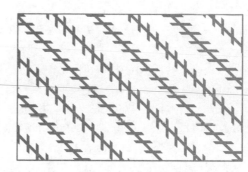

¿Son las líneas negras largas paralelas entre sí, o están torcidas?

¿Qué línea es más larga?

PREGUNTA

¿Cómo funciona el ojo?

RESUMEN DEL EXPERIMENTO

En este experimento vas a construir un modelo que te muestre qué tipo de **imágenes** forma tus ojos. Podrás determinar el tamaño de la imagen y verás cómo extender este concepto para construir una **cámara estenopeica**.

CONCEPTO DE CIENCIA

Tu ojo es un aparato complejo, diseñado para recoger la luz, enfocarla en la retina y enviar señales acerca de lo que ves a tu cerebro. **El lente** de tu ojo toma rayos de luz de todo lo que te rodea y los enfoca en un solo lugar detrás del ojo. Allí, los bastoncillos y los conos convierten la imagen en algo que el cerebro pueda comprender. Aunque el ojo sea tan complejo, puedes construir un modelo del ojo que produzca una imagen que es muy similar a la que produce el ojo.

CURIOSIDADES

Las abejas obreras tienen 5,500 lentes en cada ojo.

MATERIALES

- Alfiler de criandera
- Taza de papel
- Banda elástica
- Papel encerado
- Bombillo encendido

PROCEDIMIENTO

1. Con el alfiler, haz un huequito en el fondo de la taza. Si quieres agrandarlo después, puedes hacerlo. Por ahora, déjalo bien pequeñito.

2. Usa la banda elástica para sujetar un cuadrado de papel encerado encima de la taza. Esta será tu pantalla.

3. Inclina el fondo de la taza hacia el bombillo a una distancia de 2–3 pies.

4. Muévelo lentamente hacia la luz sin dejar de mirar el papel encerado.

5. Cuando te acerques mucho, verás en el papel encerado la imagen del bombillo, pero aparecerá boca abajo.

PREGUNTAS PARA EL CIENTÍFICO

¿Cuánto tuviste que acercarte para ver la imagen del bombillo en el papel encerado?

- -

¿Cómo cambia esta distancia si agrandas ligeramente el hueco en el fondo de la taza?

- -

¿Por qué la imagen aparece boca abajo?

- -

¿En qué se parece esto a la manera de funcionar de una cámara?

- -

PALABRAS ÚTILES

IMAGEN: lo que vemos cuando miramos algo. La imagen se forma en el ojo y se transmite al cerebro.

CÁMARA ESTENOPEICA: un aparato que permite que mires a un objeto indirectamente.

LENTE: un dispositivo óptico que dobla los rayos de luz y nos hace posible ver.

SEGUIMIENTO

Ahora que has construido este modelo de tu ojo, estás listo para construir una cámara estenopeica, que funciona con el mismo principio.

Vas a necesitar una regla, una lata vacía de papitas Pringles, un cuchillo (con la ayuda de un adulto), una tachuela, cinta adhesiva y papel de aluminio.

1. Mide 2–3 pulgadas del fondo de la lata y dile a un adulto que la corte en dos tubos más pequeños.

2. Usa la tachuela para abrir un huequito en el fondo del tubo más pequeño y coloca encima la tapa plástica de la lata original.

3. Coloca el tubo más grande encima del más pequeño, de modo que la tapa quede entre los dos tubos. Únelos con cinta adhesiva para formar el tubo original.

4. Envuelve el tubo en papel de aluminio. Es para no dejar que entre ninguna luz exterior, así que cubre toda la lata.

5. Llévate al ojo el extremo abierto y mira dentro del tubo. Debes ver imágenes invertidas proyectadas en la pantalla (la tapa plástica).

CURIOSIDADES

Las primeras cámaras estenopeicas eran cuartos muy oscuros excepto por un huequito en una pared que dejaba entrar la luz. De hecho, en italiano al cuarto se le llama "camera".

LA MÁQUINA HUMANA

Los seres humanos han fabricado algunas **máquinas** maravillosas en los últimos cien años. El avión, el automóvil y la computadora son solo unos cuantos ejemplos de máquinas que han cambiado para siempre nuestras vidas. Pero si quieres ver una máquina que sea más compleja, más hermosa y más excepcional que las mencionadas, mira el espejo. Nuestros cuerpos son capaces de cosas que ninguna máquina logrará, por muy poderosas que lleguen a ser las computadoras. Para terminar este libro, veamos algunas de las cosas maravillosas que puede hacer el cuerpo humano.

HAZLO: TOMAR ALIENTO

PREGUNTA

¿Cuánto aire pueden retener mis **pulmones**?

MATERIALES

- Frasco de vidrio vacío de 1 galón
- Frasco de vidrio vacío de 32 onzas (cuarto de galón)
- Agua
- Marcador permanente
- Contenedor plano grande (por ejemplo, un acuario)
- 3 piedras planas u otros objetos planos
- Fregadero o un lugar que pueda mojarse
- Tubo de goma de 18–24 pulgadas
- 1 hoja de papel
- 1 utensilio de escritura

PROCEDIMIENTO

1. Llena el frasco grande, llenando varias veces el frasco de 32 onzas con agua y vaciándolo en el frasco grande.

2. Después de añadir cada cuarto de agua, haz una marca en el frasco indicando la altura de un cuarto.

3. Llena el acuario con agua hasta tres cuartas partes del volumen y coloca las piedras en un círculo en el fondo.

4. Coloca el acuario en el fregadero. Con cuidado, pon el frasco grande boca abajo sobre las piedras del fondo del acuario. No te preocupes si se derrama un poco de agua.

5. Anota el nivel inicial de agua en el frasco. Este será tu punto de partida.

6. Coloca un extremo del tubo de goma dentro del acuario y bajo la boca del frasco. Deja el otro extremo colgando fuera del acuario.

7. Respira profundamente y sopla en el extremo colgante del tubo.

8. Mide la marca resultante del agua en el frasco.

9. Sustrae la marca original para hallar tu capacidad pulmonar en cuartos de galón.

Cita genial

El más humilde escolar está familiarizado ahora con verdades por las que Arquímedes hubiera sacrificado su vida.

—ERNEST RENAN, FILÓSOFO Y TEÓLOGO FRANCÉS

QUÉ SUCEDE

Cuando soplas aire de tus pulmones al frasco, el aire remplaza a una parte del agua. El nivel del agua del acuario se elevará. Puedes medir la cantidad de aire que se añadió al frasco para ver cuánto aire más contienen tus pulmones. Vuelve a hacer este experimento a ver si puedes mejorar tus resultados.

HAZLO:

ACCIÓN-REACCIÓN

Cada vez que alguien entra en un auto para manejar, debe tomar decisiones que garanticen su seguridad. Algunas de ellas pueden tomarse poco a poco, por ejemplo, bajar o subir las ventanillas, mientras que otras deben tomarse con rapidez, como girar abruptamente para evitar una colisión con otro auto.

PREGUNTA

¿Cuál es mi tiempo de reacción?

MATERIALES

- Billete de un dólar o tarjeta de notas
- Amigo
- Regla

PROCEDIMIENTO

1. Sostén el billete de un dólar verticalmente a lo largo con una mano mientras pones el pulgar y el índice de la otra mano cerca de la parte de abajo del billete.

2. Deja caer el billete y agárralo con la otra mano. Debes ser capaz de hacerlo con facilidad.

3. Ahora dile a tu amigo que deje caer el billete. No vas a saber cuándo va a soltar el billete.

QUÉ SUCEDE

Cuando dejaste caer el billete, tu cerebro envió una señal a tu otra mano, avisándole que agarrara el billete. Cuando tu amigo dejó caer el billete, no tuviste ese aviso, así que esta segunda parte mide mejor tu tiempo de reacción. Mientras más bajo hayas agarrado el billete, más rápido ha sido tu tiempo de reacción. Si ni siquiera lo pudiste agarrar, no pienses que eres el único. Prueba a dejar caer una regla.[3]

SEGUIMIENTO

Esta prueba del tiempo de reacción es una de las muchas que puedes hacer. ¿Se te ocurre alguna prueba para medirlo?

Cita genial

Toda ciencia empieza como filosofía y termina como arte.

—WILL DURANT

¡YA VEO!

Si estás llevando a cabo experimentos, debes usar tus poderes de observación, es decir, debes mirar la información con cuidado para que no pierdas ningún detalle importante. Practica tus poderes de observación y encuentra las 10 diferencias entre estos dos dibujos.

PREGUNTA

¿Cuál es mi **pulso**?

RESUMEN DEL EXPERIMENTO

En este experimento debes medir tu pulso (ritmo cardiaco) después de varias actividades diferentes. Vas a aprender a usar diferentes intervalos de tiempo para medir el ritmo cardiaco y los mejores lugares para localizar el pulso.

CONCEPTO DE CIENCIA

Cada vez que tu corazón late entrega al cuerpo sangre rica en oxígeno, lo cual le permite funcionar apropiadamente. Cuando estás en reposo, el ritmo cardiaco se hace más lento, ya que el cuerpo no requiere tanta sangre como cuando haces ejercicio. Las personas que están en buena forma física son capaces de participar en actividades extenuantes y mantener un ritmo cardiaco bajo. Los latidos más fuertes pueden detectarse sobre el corazón, en el cuello justo debajo de la quijada, en la parte interna de las muñecas y en los pulgares.

MATERIALES

- Cronómetro

PROCEDIMIENTO

1. Siéntate tranquilo por varios minutos antes de empezar la prueba.

2. Cuando estés listo, coloca el índice y el dedo del medio en el cuello o en la parte interior de la muñeca para localizar el pulso.

3. Cuando encuentres el pulso, echa a andar el cronómetro por 60 segundos y cuenta el número de latidos que sientes. Ese es tu pulso.

4. Trata de experimentar otra vez, pero esta vez solo cuenta por 30 segundos. Cuando termines, multiplica el conteo por dos. Compara tus pulsos.

5. Repite contando por 15 segundos y multiplicando por cuatro, y luego, cuenta por 10 segundos y multiplica por seis.

6. Una vez que hayas determinado tu pulso en reposo, ejercítate vigorosamente por, al menos, 1 minuto. Puedes hacer una carrera rápida, correr por las escaleras, saltar la cuerda o hacer lagartijas. Cuando termines, estarás respirando agitadamente.

 ADVERTENCIA: No te esfuerces más allá de lo que te sea cómodo. Escoge una actividad que puedas hacer.

7. Escoge la extensión de la prueba que quieres ejecutar y búscate el pulso otra vez.

8. Compara el pulso resultante con el pulso después del ejercicio.

PREGUNTAS PARA EL CIENTÍFICO

¿Cuál fue tu pulso en reposo?

¿Qué resultado(s) usaste para determinar este número?

¿Cuál fue tu pulso después del ejercicio?

¿Cuáles son las ventajas de medir el pulso durante 1 minuto?

¿Cuáles son las ventajas de medir el pulso durante un periodo más corto (como 10 segundos), especialmente cuando acabas de terminar el ejercicio?

La Asociación Americana del Corazón ha determinado que el máximo ritmo cardiaco debe ser 220 menos la edad de la persona. ¿Estaba tu ritmo cardiaco más alto por debajo de ese número?

SEGUIMIENTO

El ejercicio regular puede reducir tanto tu ritmo cardiaco en reposo como el de después del ejercicio. Para un estudio a largo plazo de tu ritmo cardiaco, trata de ejercitarte 15–20 minutos diarios por 1 mes. Una vez a la semana, vuelve a chequear tus ritmos cardiacos antes y después del ejercicio para ver si han bajado. Si planeas cambiar drásticamente tus patrones de ejercicio, consulta con tus padres y tu doctor para asegurarte de que el cambio es apropiado para ti.

PALABRAS ÚTILES

PULSO/RITMO CARDIACO: las veces por minuto que tu corazón late.

CURIOSIDADES

Una de las curas más naturales y efectivas para las náuseas es el jengibre. Algunas personas comen galletitas de jengibre, mientras otras tomar refresco de jengibre.

HAZLO:
EQUILIBRIO CIEGO

Una de las cosas más divertidas para un niño es girar muy rápido hasta marearse. Nuestro sentido del **equilibrio** reside en los oídos y el líquido dentro de los oídos que a veces se mueve de un lado a otro. Cuando se calma, desaparece el mareo. El equilibrio es una condición difícil de comprender, como lo es la pregunta de por qué algunas personas se marean cuando montan en el asiento trasero de un auto o en un barco, mientras que otras pueden subir a las más terribles montañas rusas o ser gimnastas o patinadores y nunca marearse.

PREGUNTA

¿Es más difícil mantener el equilibrio con los ojos cerrados?

MATERIALES

- Ninguno

PROCEDIMIENTO

1. Párate en el medio de la habitación con los dos pies en el suelo.

2. Trata de mantenerte en equilibrio por 30 segundos.

3. Cierra los ojos y trata de mantenerte en equilibrio por 30 segundos. Compara la dificultad de las dos tareas.

4. Párate en una pierna por 15 segundos. No te apoyes en ningún objeto.

5. Cierra los ojos, párate en una pierna y trata de mantenerte en equilibrio por 15 segundos.

QUÉ SUCEDE

Buena parte de tu sentido del equilibrio proviene de tu habilidad de ver lo que te rodea. Cuando pierdes la habilidad de medir tu equilibrio con respecto a la habitación (cerrando los ojos) te cuesta más mantenerte en equilibrio. Las personas que se marean en los barcos tienen un problema similar. Miran la tierra y el agua y todo se está moviendo. Como no hay punto fijo al que puedan mirar, pierden el equilibrio (y, en ocasiones, mucho más).

SEGUIMIENTO

Trata de pararte muy cerca de una pared y repetir el experimento con una pierna y con dos piernas. Esta vez, apenas toca la pared. Trata de no usarla para equilibrarte, solo para recordarte que está ahí. ¿Te ayuda a mantenerte en equilibrio?[4]

¡CARAMBA, ME PARECES MUY FAMILIAR!

¿Los padres y los hijos son idénticos? No, pero a menudo se puede identificar a miembros de la misma familia. Estudia las siguientes caras y di si tú puedes hacerlo.

PREGUNTA

¿Dónde está mi **centro de gravedad**?

RESUMEN DEL EXPERIMENTO

En este experimento, vas a llevar a cabo diferentes actividades físicas junto con otras personas para determinar las diferencias entre el centro de gravedad de un hombre y el de una mujer, así como las diferencias entre niños y adultos.

CONCEPTO DE CIENCIA

Cada objeto tiene un centro de gravedad. Es la parte del objeto que debe ser soportada para que este no se caiga. Los hombres y las mujeres adultos tienen diferentes centros de gravedad, como verás. Los niños, debido al hecho de que aún no se han desarrollado físicamente como los adultos, no siempre muestran las mismas diferencias.

MATERIALES

- Adultos y niños de los dos sexos
- Pared
- Taza de café
- Banquito

PROCEDIMIENTO

Haz que cada participante trate de hacer estas tareas. Mira a ver quién las puede terminar.

Prueba 1

1. Párate junto a la pared de modo que un lado de tu cuerpo, incluyendo un pie, toque la pared.

2. Trata de levantar tu otro pie del suelo y quedarte parado.

Prueba 2

1. Coloca la taza de café a unas 8–10 pulgadas frente a tus pies mientras te paras en medio de la habitación.

2. Inclínate y recoge la taza. Ahora muévete de forma que te quedes parado con los pies y la espalda pegados a una pared.

3. Coloca la taza de café a unas 8–10 pulgadas frente a ti y trata de inclinarte a recogerla. Trata de describir por qué esta segunda tarea es tan difícil. Repite la prueba original en medio de la habitación si lo deseas.

Prueba 3

1. Arrodíllate en el suelo y coloca la taza a la distancia de tu brazo enfrente de tus rodillas.

2. Coloca las manos detrás de la espalda y trata de tumbar la taza con la nariz.

Prueba 4

1. Párate con los pies juntos, a 2 pies, frente a la pared. Haz que alguien coloque un banquito entre tus pies y la pared.

2. Inclínate hacia la pared hasta que tu frente toque. Mantén recta la espalda mientras lo haces.

3. Agarra el banquito y llévatelo al pecho. Desde esa posición, trata de enderezar la espalda y pararte.

PREGUNTAS PARA EL CIENTÍFICO

En la Prueba 1, ¿por qué te caíste inmediatamente cuando levantaste la pierna de afuera?

Haz esta misma prueba en el centro de la habitación. ¿Por qué no te caes?

PALABRAS ÚTILES

CENTRO DE GRAVEDAD: el punto de equilibrio de tu cuerpo.

¿Por qué pudiste recoger la taza mientras estabas parado en medio de la habitación, pero no alcanzabas con la espalda contra la pared?

¿Hay una diferencia entre hombres y mujeres o entre adultos y niños en las dos primeras pruebas?

¿Hay una diferencia entre hombres y mujeres o entre adultos y niños en las dos últimas pruebas?

Pensando en la idea del centro de gravedad, ¿por qué crees que las mujeres hacen las dos últimas pruebas con más facilidad que los hombres?

Los niños tienden a ejecutar mejor que los hombres las dos últimas tareas. ¿Puedes pensar en una razón de por qué puede ser?

SEGUIMIENTO

Piensa en otras pruebas interesantes que puedes hacer para probar el centro de gravedad.[5] También, piensa en trabajos o deportes que requieran un buen equilibrio y conocimiento sobre el centro de gravedad. ¿Llevas a acabo alguna actividad que requiera mantener el equilibrio? Si es así, piensa dónde está tu centro de gravedad durante esa actividad.

PROYECTO PARA LA FERIA DE CIENCIA:
EL CUERPO HUMANO

GENÉTICA

Quizá te han dicho que "luces igualito a tu mamá" o que "tienes los ojos de tu padre". Si tienes hermanos, puede que no veas el parecido entre ellos y tú, mientras que otros dicen "Se puede ver que son familia". ¿Por qué nuestra apariencia dice tanto acerca de quién somos y de dónde venimos? La respuesta está en nuestros genes, el mapa de cómo estamos hechos. Cada uno de nosotros hereda los genes de nuestros padres biológicos. Pero algunos rasgos o características son más comunes o dominantes en nuestras familias, mientras que otros son recesivos o menos probables que ocurran. No es fácil mirar dentro de nuestro código genético para ver qué rasgos heredamos de cada padre, pero podemos usar una encuesta y las probabilidades para predecir los patrones.

PREGUNTA

¿Por qué mis ojos son verdes?

RESUMEN DEL EXPERIMENTO

En este experimento tú y tus padres completarán una encuesta sobre ciertos rasgos heredados, rasgos sobre los cuales no tienes control.

Luego, escogerás dos de ellos para llevar a cabo un estudio de probabilidad usando un cuadro de Punnett.

CONCEPTO DE CIENCIA

A los rasgos como el color de los ojos o del pelo, los lóbulos de las orejas unidos, el pulgar del autoestopista y la habilidad para enrollar la lengua se les llama dominantes o recesivos. Cada uno de nosotros tiene dos genes para cada rasgo, uno heredado de la madre y otro del padre. Como es de esperar, la persona que tiene dos genes dominantes o dos recesivos tendrá ese rasgo. Sin embargo, la persona con uno de cada uno exhibirá el rasgo del gen dominante aun cuando también posea el gen recesivo. Aquí hay un ejemplo.

Supón que tienes dos conejos negros y ellos tienen un conejito. En los conejos, el pelaje negro es un gen dominante (se muestra con una letra mayúscula) y el pelaje marrón es un gen recesivo (se muestra con una letra minúscula). Supongamos que, en este caso, tus dos conejos tienen un gen para pelaje negro y otro para pelaje marrón. ¿Puedes explicar por qué los dos tienen pelaje negro? Cuando tengan un bebé, el bebé va a heredar de sus padres una de las muchas combinaciones de los genes para el pelaje: dos negros, un negro y un marrón o dos marrones. En los dos primeros casos, el bebé también va a tener pelaje negro. En realidad, hay 75 por ciento de probabilidades de que esto suceda. Pero hay un 25 por ciento de probabilidades de que el bebé herede de sus padres los dos genes para pelaje marrón y nazca con el pelaje de ese color. Así que dos conejos negros pueden producir un conejo marrón.

El cuadro de Punnett te muestra cómo puede suceder esto.

PADRE

	Negro	marrón
Negro	NN (Negro)	Nm (Negro)
marrón	mN (Negro)	mm (marrón)

MADRE

Así que si tus dos padres tienen ojos marrones, pero los tuyos son verdes, esa es una posibilidad perfectamente razonable.

MATERIALES

- Encuesta (al final del capítulo)
- Tú y tus padres biológicos (Si esto no fuera posible, busca a alguien que tenga acceso a sus padres biológicos y pídele que te ayude.)
- Cuadro de Punnett
- 2 monedas

PROCEDIMIENTO

1. Rellena la encuesta; luego, pídeles a tus padres que la rellenen. Si se te ocurren otros rasgos que puedas incluir, hazlo.

2. Habla con tus padres sobre los resultados. Discutan cuántos rasgos de cada padre tú tienes.

3. Escoge dos de los rasgos para la segunda parte del experimento. Si fuera posible, uno debe ser un rasgo que ambos padres tengan en común, pero que tú no tengas. Si no, escoge un rasgo que los tres tengan en común. El segundo debe ser un rasgo que sea diferente en tus padres.

4. Para cada rasgo que selecciones, dibuja un cuadro de Punnett que pueda producir los resultados de tu familia. Hay una muestra. La madre tiene ojos verdes, el padre tiene ojos marrones y el hijo tiene ojos verdes. En este caso, el gen marrón es dominante sobre el gen verde. Esto puede ocurrir en cualquiera de las combinaciones de la derecha.

5. Cuenta el número de cuadrados más pequeños que pueden producir tus resultados. Para el ejemplo, hay dos cuadrados.

6. Divide este número por cuatro, el número total de cuadrados, para determinar la probabilidad de que esto ocurra. Para este ejemplo, la probabilidad es de 50 por ciento.

7. En un papel, decide qué genes serán representados por cara y cuáles por cruz, para cada moneda que lances. Es más fácil usar monedas diferentes para representar a cada padre.

8. Tira ambas monedas veinte veces para cada rasgo. Cuenta el número de veces que obtienes un resultado que se corresponda con tus propios rasgos (en nuestro ejemplo, el resultado que buscamos es que el hijo tenga los ojos verdes) y divide ese número por 20. Esta es tu probabilidad experimental.

9. Compara tu probabilidad experimental con tu probabilidad teórica y presenta tus resultados.

PADRE

	Marrón	verde
verde	Mv (Marrón)	vv (verde)
verde	vM (Marrón)	vv (verde)

MADRE

PREGUNTAS PARA EL CIENTÍFICO

¿Hay algunos rasgos que tus padres compartan pero que tú no poseas? ¿Cuáles son?

¿Hay rasgos que ustedes tres compartan?

¿Crees que esos rasgos los transmiten genes dominantes o recesivos?

¿Cuán cercanos estuvieron los resultados de tu experimento de los valores que calculaste a partir del cuadro de Punnett?

¿Qué quiere decir si tus resultados no se corresponden con tus predicciones?

¿Un cuadro de Punnett significa que si una madre y un padre tienen cuatro hijos los rasgos de cada hijo van a corresponderse con cada uno de los cuadritos? ¿Por qué o por qué no?

CONCLUSIÓN

La genética es uno de los temas más temibles y fascinantes de la investigación biológica actual. Desde la clonación hasta la prevención de enfermedades, los doctores están buscando formas de mejorar nuestras vidas, tratando de comprender mejor de qué estamos hechos. Hasta ahora, no hay un método garantizado de predecir los rasgos de un hijo y, probablemente, eso es algo bueno. Sin embargo, la comprensión de tu pasado te ayuda a prepararte para el futuro, y esa es una de las razones por las que los niños adoptados tratan de encontrar a sus padres biológicos. Es tranquilizador saber que no nacimos por casualidad, y que hay un plan, por muy complejo que sea, para ser quienes somos.

ENCUESTA

1. ¿Puedes enrollar la lengua? Saca la lengua. Trata de enrollarla en forma de u. Escribe "sí" o "no".

   Tú _____

   Madre _____

   Padre _____

2. ¿Qué pulgar colocas encima: el derecho o el izquierdo? Une las manos, entrelazando los dedos. ¿Qué pulgar está encima? Escribe "derecho" o "izquierdo".

   Tú _____

   Madre _____

   Padre _____

3. ¿Tienes hoyuelos? Sonríele a un amigo. ¿Ellos ven hoyuelos en tu cara? Escribe "sí" o "no".

   Tú _____

   Madre _____

   Padre _____

4. ¿Tus lóbulos están unidos o sueltos? Escribe "unidos" o "sueltos".

   Tú _____

   Madre _____

   Padre _____

5. ¿Tienes "pulgar de autoestopista" (pulgar curvo cuando lo sacas)? Escribe "sí" o "no".

   Tú _____

   Madre _____

   Padre _____

REFLEXIONES FINALES

Después de leer este libro, te darán deseos de probar otras actividades. Tal vez las preguntas que pudiste aclarar al hacer los experimentos te han hecho hacerte más preguntas para las que no tienes respuestas. Si alguno de esos es tu caso, ¡felicitaciones! ¡Eres un científico!

Los científicos nunca están satisfechos con saber todo lo que hay que saber. Cada respuesta trae más preguntas. Están llenos de un deseo insaciable de saber más sobre el mundo. Cuando no pueden encontrar las respuestas en un libro, siempre se les ocurren maneras de predecir cuáles deben ser las respuestas y ponen a prueba esas predicciones de acuerdo al método científico. Pero, ¿quieres saber un secreto? Los científicos no son las únicas personas que usan este método. Los abogados, los doctores, los banqueros, los maestros, los corredores de bolsa y los agentes de bienes raíces también lo usan. De hecho, te va a costar mucho trabajo encontrar a alguien que no use los principios del método científico en su vida diaria.

Así que, ¡bienvenido al mundo de la ciencia! Haz preguntas; cava profundo para encontrar respuestas; no aceptes "no sé" por

Cita genial

La ciencia no conoce país, porque el conocimiento pertenece a la humanidad, y es la antorcha que ilumina el mundo. La ciencia es la más alta personificación de la nación porque la nación será la primera en llevar a cabo y más lejos las obras del pensamiento y la inteligencia.

—LOUIS PASTEUR,
QUÍMICO FRANCÉS

respuesta; y, lo más importante, diviértete (¡y ten mucho cuidado!). Porque es en la búsqueda de respuestas donde se te revelará la verdadera maravilla y belleza del mundo.

SEGUIMIENTO

CAPÍTULO 1

1. *Agua de colores:* Debes regar la tierra alrededor de las plantas y no solo las hojas. Aunque las hojas absorben un poco de agua, la planta obtiene el agua con más facilidad por medio del proceso que viste en este experimento: a través de las raíces en el suelo.

2. *Hojas que caen:* Las hojas cambian de color cuando los días empiezan a acortarse. Con menos luz, los árboles no son capaces de producir mucha clorofila y empieza el proceso de la caída de las hojas.

3. *Bloqueadores de azul:* Los lentes de sol bloquean casi toda la luz azul que les llega. Como resultado, no debes ver mucho color azul cuando mires a tu alrededor. Lo que vas a ver es mucho de un color que no es azul. El término para este color es *complementario,* y el color complementario del azul es el amarillo. ¿Ves el color amarillo? De hecho, la luz amarilla está compuesta por otros dos colores: rojo y verde. Así que vas a ver verdes y rojos también.

4. *Caminando sobre cascarones:* Tanto la cama de clavos como las raquetas de nieve usan el mismo principio que el experimento de los huevos. Mientras que un solo clavo puede perforar la piel de una persona, usar cientos de clavos distribuye el peso del cuerpo de la persona uniformemente sobre toda la cama y ningún clavo tiene que aguantar más peso del que puede soportar. El artista no resulta herido. NOTA: Los magos son profesionales que practican bajo condiciones muy seguras. ¡Nunca intentes hacer un "truco" como este en tu casa!

   Si has intentado caminar en nieve muy profunda con tus zapatos habituales, seguramente te has hundido. Una raqueta de nieve reparte el peso de tu cuerpo uniformemente sobre toda su superficie (de manera similar a una raqueta de tenis). Al distribuir tu peso, ninguna parte de la nieve tiene que soportar más peso del que puede, de modo que puedes quedarte parado encima de la nieve. ¡Busca más ejemplos en la naturaleza de este fenómeno de distribución del peso!

CAPÍTULO 2

1. *Hervir el hielo*: Cuando el hielo se derrite, convirtiéndose en agua líquida, el agua aún está muy fría. De hecho, está a 0°C (32°F), justo como estaba el hielo. El agua solo puede hervir cuando alcanza 100°C (212°F), así que antes de que pueda empezar a hervir otra vez, todo el hielo derretido debe calentarse hasta 100°C. Una vez que toda el agua de la olla alcance la misma temperatura, va a empezar a hervir otra vez.

2. *Limpieza de centavos*: Las otras monedas que mencionamos no están recubiertas de cobre. La reacción de limpieza solo funciona con un ácido débil (como la solución de vinagre y sal) y el cobre. No vas a tener los mismos resultados con las otras monedas.

CAPÍTULO 3

1. *Subibaja*: Dos centavos que estén a 6 pulgadas del fulcro se equilibrarán con un centavo que esté a 12 pulgadas. Desafortunadamente, con esta regla, a lo máximo que puedes llegar del fulcro es a 6 pulgadas. Otra combinación que funcionaría serían ocho centavos localizados a 1½ pulgada del fulcro (porque 8 × 1½ = 12).

2. *Subibaja*: La persona más pesada tiene que sentarse más cerca del fulcro para que su peso no cuente tanto. Con tus padres, la diferencia de peso puede ser grande, especialmente si eres muy pequeño. Tu padre o tu madre van a tener que sentarse casi en el medio para que el subibaja se equilibre, pero es posible hacerlo.

3. *Amortiguando el golpe*: Algunos ejemplos: los boxeadores usan guantes acolchados; las bicicletas tienen asientos acolchados; los tenis tienen suelas acolchadas; las bolsas de aire de los autos suavizan el impacto en un accidente; y los receptores de béisbol usan un guante enorme y suave para atrapar los lanzamientos.

4. *Esquinas*: El helio es más ligero que el aire, así que a diferencia de la mayoría de los objetos, no cae al suelo. En lugar de eso, se dirige hacia arriba, hacia el cielo. Cuando el auto gira, todo en el auto quiere mantener el movimiento en línea recta excepto el globo, que quiere seguir el giro. Para más diversión, mira lo que hace un globo cuando aceleras y desaceleras el auto. Pronto verás por qué un globo en un auto puede ser riesgoso.

5. *Electricidad magnética*: El electroimán formado por la electricidad funciona solo cuando tiene unida una batería. Cuando lo desconectas, la brújula regresa a la normalidad. Sin embargo, cuando colocas el alambre bajo la brújula, el imán formado por la electricidad se invierte y apunta en dirección contraria, de modo

que la brújula también apunta en dirección opuesta.

6. *Electroimán*: Uno de los lugares más comunes donde puedes encontrar electroimanes de este tipo es en un depósito de chatarra. Allí usan una grúa con un electroimán encendido para levantar en el aire vehículos grandes, y cuando la grúa está lista para dejar caer el vehículo en otro lugar, apagan el electroimán y el vehículo cae.

CAPÍTULO 4

1. *Velocidad del viento*: Primero, tienes que medir el radio de tu anemómetro (la distancia de una de los moldes al centro del aparato) en pulgadas. Luego multiplica ese número por 6.28 para hallar la circunferencia, o la distancia que viaja un molde para hacer un círculo completo. Entonces, cuenta el número de círculos o revoluciones que hace el molde marcado en 1 minuto. Multiplica este número por la circunferencia y tendrás la velocidad en pulgadas por minuto. Para convertir esta velocidad a millas por hora, divide el resultado final por 1,056.

    Ejemplo: Tu radio es aproximadamente 8 pulgadas. Esto resulta en una circunferencia de 8 × 6.28 = 50.24 pulgadas. Si cuentas 40 revoluciones en 1 minuto, entonces el molde viaja un total de 40 × 50.24 pulgadas = 2,010 pulgadas en 1 minuto. Divide el resultado

por 1,056 y tienes una velocidad de 1.9 millas por hora.

2. *Calentar la tierra*: En una playa normal, solo la capa superior de arena se calienta. El sol no llega a las capas inferiores de arena, de modo que no es capaz de calentar esas capas. Por esa razón, la capa superior de agua de una piscina o de un lago pequeño suele estar más caliente que la más profunda.

3. *Carámbanos*: Las sales de Epsom suelen usarse para curar magulladuras y esguinces. También se usan en la producción de sirope de maíz alto en fructosa, una sustancia que encuentras en la mayoría de las sodas. Uno de sus usos más populares es añadirlas al agua de la bañera cuando queremos relajarnos. Si tienes problemas con los mapaches, puedes espolvorear un poco de sales de Epsom cerca de las latas de basura y los ahuyentarás sin hacerles daño. Además, ¡es un buen alimento para las plantas!

4. *Espacio de aire*: En el verano, las pelotas se vuelven muy rebotadoras si las dejamos en el sol, pero en el invierno se desinflan un poco si las dejamos al frío. También, si guardas jugo en una jarra en el refrigerador con una tapa bien ajustada, sácalo y déjalo en la mesa unos minutos con la tapa puesta. Cuando la abras, oirás que el aire se escapa. Para hacer otro experimento divertido, infla un globo pequeño y colócalo en el

congelador. Verás los efectos del aire comprimiéndose a medida que se enfría.

5. *Constelaciones*: Mira al norte a lo que parece ser una taza grande con un mango largo. Se llama El Carro, pero en realidad es parte de una constelación más grande llamada la Osa Mayor. Mira un diagrama de las estrellas para que veas la forma de la osa. Usando las dos estrellas en el extremo derecho de la taza, traza una línea recta hacia arriba hasta que encuentres otra estrella. No es la más brillante del cielo, pero es muy importante. Es la Estrella Polar e indica la dirección norte. La Estrella Polar forma parte de la constelación de la Osa Menor.

Otras constelaciones interesantes para buscar incluyen Orión, el cazador (reconocible por su "cinturón", que está formado por tres estrellas en línea recta), que es visible en los meses de invierno; Casiopea, la reina (una colección de cinco estrellas en forma de W que se encuentra en los cielos del norte); Géminis, los gemelos (invierno); Pegaso, el caballo alado (otoño); y Leo, el león (primavera). ¡A ver cuántas puedes encontrar solo!

CAPÍTULO 5

1. *Papilas gustativas*: Como viste antes, tu sentido del olfato tiene un impacto grande en tu habilidad de distinguir sabores. Cuando tienes la nariz tapada, las papilas gustativas no son capaces de enviar señales adecuadas al cerebro para decirle qué tipo de sabor están degustando.

2. *Turquesa, negro y amarillo*: El color complementario del rojo es el turquesa, del verde es el magenta, y del azul es el amarillo. El color complementario del blanco (todos los colores) es el negro (no colores). Por eso una bandera amarilla, negra y turquesa debe producir una imagen retiniana roja, blanca y azul.

3. *Tiempo de reacción*

Si la regla cae . . .	tu tiempo de reacción es . . .
4 pulgadas	0.14 segundos
8 pulgadas	0.20 segundos
12 pulgadas	0.25 segundos

4. *Equilibrio*: Solo tener la pared cerca nos recuerda que algo está fijo y no se mueve. Debe ser más fácil quedarse de pie, especialmente en una pierna, cuando tocas la pared ligeramente.

5. *Centro de gravedad*: Toma un palo y coloca los dos índices debajo para apoyarlo. No importa dónde los pongas. Ahora, acerca lentamente los dedos, manteniendo el palito equilibrado. Se encontrarán en el centro de gravedad del palito (por lo general, el medio). Puedes colgar algo en un extremo para cambiar el centro de gravedad y hacerlo otra vez. Con este método, siempre lo encontrarás.

RESPUESTA A LOS ACERTIJOS

Introducción • Cita que cae

L	O		I	M	P	O	R	T	A	N	T	E
	E	S		N	O		D	E	J	A	R	
D	E		H	A	C	E	R	S	E			
		P	R	E	G	U	N	T	A	S		

Capítulo 1 • Totalmente tubular

FIN

PRINCIPIO

Capítulo 1 • Transformación científica

1. B A N A N A

2. N B A A N A
   Mueve la primera N al inicio de la palabra

3. N U B A A N A
   Añade una U entre la primera N y la B

4. N U B A A N O
   Cambia la última A por O

5. N U B A A O N
   Intercambia la última N por la O

6. N U B A R R Ó N
   Cambia la segunda A por RR

Capítulo 1 • Veo, veo

Ganso	Búho
Serpiente	Ratón
Conejo	Caracol
Jirafa	Araña
Mariposa	Colibrí

RESPUESTA A LOS ACERTIJOS

Capítulo 2 • ¡Revoltillo!

Andar con cuidado:

Andar ___pisando___ huevos

Palabras de precaución:

No ___pongas___ todos los

huevos en la ___misma___

___canasta___.

¿Qué fue lo primero?
¿El huevo o la
___gallina___?

Huevo de
colores que
buscamos en
la primavera:

Huevo de
___Pascua___

Lista de palabras:
Pascua
gallina
canasta
pisando
misma
pongas

Capítulo 2 • Burbujas asombrosas

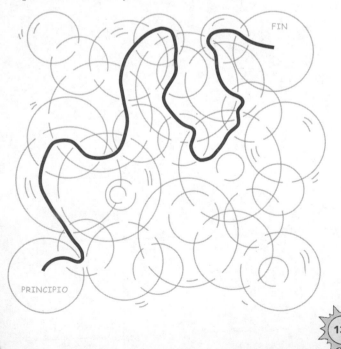

FIN

PRINCIPIO

Capítulo 2 • Baño ácido

EMILIA
CARLOS
ROSA
LUCAS

Capítulo 3 • Doblando un poquito

RESPUESTA A LOS ACERTIJOS

Capítulo 3 • Clasifica en categorías

Propiedades de la materia

```
    G A S         L Í
  M A S A         Q U I
    V               Q U I
    E             U
  D E N S I D A D   I
    A     Ó       D O
    D     L I
          I D   P E S O
  T A M A Ñ O
```

Propiedades del movimiento

```
  L E N T O
  Q             C
  F U E R Z A   A
  I             Í           I
  V E L O C I D A D A       N
  I           B   A         E
  B         R Á P I D O     R
  R           I             C
  I         O S C I L A R   I
                            A
```

Capítulo 3 • Negro y blanco

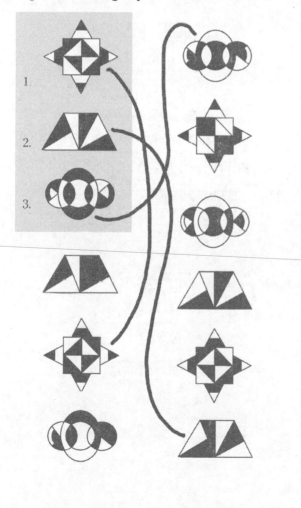

Capítulo 4 • Velocidad del viento

Aquí hay algunas respuestas posibles:

Palabras de 9 letras:	Palabras de 6 letras:	Palabras de 5 letras:	Palabras de 4 letras:
manómetro	moreno	menta	amor
monotrema	remate	termo	mate
	mentar	tener	moto
Palabras de 8 letras:	remoto	etano	mano
maremoto	metano	norma	trae
	enorme	meneo	mora
	montar	monte	Roma
Palabras de 7 letras:	mormón	tenor	reno
meteoro	eterno	metro	remo
manotco	monear	enero	mero
teorema	ateneo	matón	mete
remonta	menear	aéreo	tema
materno	romano	temer	tomo
momento	entera	mareo	otro
montera		entre	memo
		mente	mono
		tramo	ramo
		orate	

Capítulo 4 • La cabeza en las nubes

RESPUESTA A LOS ACERTIJOS

Capítulo 4 • ¿Arriba o abajo?

Las __estalactitas__

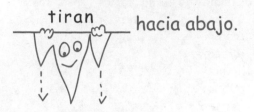

__tiran__ hacia abajo.

Las __estalagmitas__

__miran__ hacia arriba.

Capítulo 4 • Científicos astutos

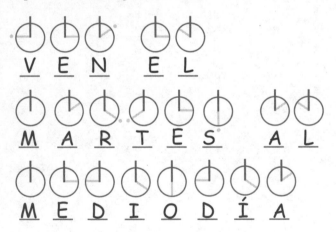

V E N E L

M A R T E S A L

M E D I O D Í A

Capítulo 4 • Gran acertijo científico

S O L U C I Ó N
I N F L A R
B R Ú J U L A
E N E R G Í A
R A Y O S X
P R E S I Ó N
E I N S T E I N
R E A C C I Ó N
T E L E S C O P I O
E S T A L A G M I T A S

¿Qué es lo más divertido que hace un científico?

E X P E R I M E N T O
C I E N T Í F I C O

Capítulo 5 • ¿Qué pasa?

RESPUESTA A LOS ACERTIJOS

Capítulo 5 • ¡No puedo dar crédito a mis ojos!

¿13 o B?

Ves un número 13 o una B mayúscula en dependencia de la dirección en que leas: de derecha a izquierda o de arriba a abajo. Visualmente, las letras y los números son tan similares que la figura del centro engaña a tus ojos y puede leerse de las dos maneras.

¿Líneas torcidas o rectas?

Las líneas negras largas son paralelas entre sí. Toma una regla y mide para comprobar si es verdad. Las líneas cortas que van en todas direcciones engañan a tus ojos y los hacen creer que las líneas largas están torcidas.

¿Más larga o más corta?

Ambas líneas son del mismo tamaño. Mídelas para que lo compruebes. Las líneas oblicuas al final engañan a tus ojos y los hacen creer que la línea de arriba es más larga.

Donde las líneas se cruzan

Debes ver puntos grises intermitentes donde se cruzan las líneas blancas. Lo que es realmente interesante es que si miras directamente a un punto gris, ¡éste desaparece!

Capítulo 5 • ¡Ya veo!
Las diferencias entre los dos dibujos suceden en estos lugares:

1. La flor en el sombrero de la niña

2. Las líneas en las medias de la niña

3. Las hojas de la planta en la maceta

4. La línea en la maceta

5. El número en la regadera

6. El número de marcas en el calendario

7. Los días de la semana en el calendario

8. La ortografía de LUZ en el papel del niño

9. La goma en el lápiz del niño

10. El pelo sobre la oreja del niño

Capítulo 5 • ¡Caramba, me pareces muy familiar!

ÍNDICE